8월 종파사건

8월 종파사건

박영실 지음

종파주의자
장성택의 숙청

종파란 무엇인가

2013년 12월 8일 북한 조선중앙TV에서 조선로동당 정치국 확대회의 중 장성택이 체포되는 장면이 공개되었다. 당시 생중계 화면과 함께 "더 이상 수수방관할 수 없어 장성택을 제거하고 그 일당을 숙청함으로써 당 안에 새로 싹트는 위험천만한 종파적 행동에 결정적인 타격을 안겼다."라는 아나운서의 설명이 있었다. 2015년 2월 18일 1년여 만에 정치국 확대회의가 다시 개최되었다. 조선중앙TV에서는 김정은 정권의 3년에 대한 평가와 함께 다시 한 번 장성택의 처형을 언급하였다. "위대한 대원수님들의 불멸의 업적과 당의 유일적

영도를 거세하려 들던 21세기 현대판 종파를 단호히 적발, 숙청하고 그 여독을 말끔히 뿌리 뽑음으로써"라는 아나운서의 발언은 김정은 체제에 반대하는 세력들에 대한 경고였다.

김일성 직계 가족이 3대째 집권을 하고 있는 상황에서 그 가계도 안에 있는 고모부 장성택은 어떤 이유로 숙청되었을까? 그의 죄명으로 지목된 '종파'는 무엇인가? 북한의 『정치용어사전』(1970)에 정의된 종파는 "당의 이익과 통일 단결에는 어긋나게 자기들의 더러운 사리사욕을 채우기 위하여 당의 노선과 당 중앙을 반대하여 당 조직체 안에서 분열적 행동을 감행하는 자들의 집단 또는 분파"이다. 또한 종파주의를 "혁명의 이익에는 관심이 없고 개인 혹은 협소한 분파의 이익만을 노리면서 노동계급과 당대열의 통일 단결을 파괴하는 반당적이며 반혁명적인 부르주아 사상"으로 정의하고 있다. 결국 북한에서 언급하는 종파와 종파주의는 반당적, 즉 조선로동당의 정책에 반대하는 행위를 하는 집단 및 그들의 사상을 이야기하는 것이다.

북한에서는 조선로동당이 창건된 첫날부터 반종파투쟁을 진행했으며, 이는 초기 공산주의운동 안에 나타났던 종파주의를 극복하지 못한 채 나라가 해방되었기 때문이라고 주장하고 있다.

이 글은 1956년을 기점으로 김일성 1인 체제가 구축되는 8월 종파사건(또 다른 용어로 '8월 전원회의 사건'이라고도 한다)에 대해서 살펴볼 것이다. 8월 종파사건은 1956년 8월에 개최된 조선로동당 중앙위원회 전원회의에서 연안파, 소련파 인사들이 김일성에게 대항한 사건이다. 하지만 이 일이 실패하자 김일성의 1인 체제가 구축되어 1960년대에는 수령의 유일영도체제가 완성된다. 김일성 1인 체제의 구축과정을 확인하기 위해 1945년 해방 이후부터의 북한 상황을 살펴보자.

차 례

1부

해방과
조선민주주의
인민공화국의
수립

1장
해방 직후 북한의 상황과
소련군의 진주

지역별 자치조직 구성

1945년 8월 15일 아침 평양거리의 전신주와 빌딩 옆, 사람이 모이는 곳, 눈에 띄는 곳에 급고문(急告文)이 붙었다. "고금미증유(古今未曾有)의 중대방송이 정오에 있으니 일억 국민은 개청(皆廳)하라."는 내용이었다. 그리고 정오에는 일본 천황의 항복 내용을 담은 옥음방송이 나왔다. 당시 평안남도 지사였던 일본인 후루가와(古川)는 상황을 수습하고 일본인들의 안전한 귀국을 위해 지역 유력자들과 협의하였다. 그 과정에서 조만식이 주도하는 평안남도 지역의 치안유지위원회가 조직되었다. 이 조직은 이후 건국준비위원회 평안남도지부가 된다. 당시 평양은 평안남도 지역 안에 포함되어 있었다.

북한에서는 지역별 특색에 따라 다양한 이름의 자치조직이 결성되었고, 귀국하려는 일본인들에 대한 태도와 소련군에 대한 입장도 달랐다. 16일 함경북도 성진에서는 보안대라는 이름의 조직이, 함경남도 함흥에서는 함경남도 인민위원회가 결성되었다. 기독교인들이 많았던 평양은 조직 결성과정에 민족주의자들이 다수 참여하면서 건국준비위원회라는 명칭을 사용했지만 그 안에는 좌익도 포함되어 있었다. 함경북도는 좌익활동이 활발하고 항일무장투쟁의 영향을 많이 받은 곳이었기 때문에 해방 직후 치안대, 보안대, 적위대 등이 조직되었고, 이들은 친일파 처단을 감행했다. 따라서 이 지역의 일본인들은 재산을 남겨둔 채 돌아갔다. 함경남도는 소련군이 진주하자 함경남도 공산주의협의회 인사들이 치스차코프(И. М. Чистяков)를 방문해 조선민족함경남도집행위원회가 결성되었다고 알리는 등 소련군에 호의적인 태도를 갖고 있었다. 같은 지역에서도 여러 단체가 결성되었는데, 황해도 지역에서는 조선공산당 황해도 지구 위원회, 해주 보안대, 건국준비위원회 황해도지부 등이 조직되었다.

소련의 제2차 세계대전 참전과 한반도 진입

소련은 1945년 8월 9일 대일 선전포고를 하고 제2차 세계대전에 참전했다. 당시 소련의 주요 목표는 만주점령이었다. 전쟁이 개전됨과 동시에 8월 9일 소련군 제1극동방면군 제25군이 함경북도 경흥지역에 도착했고, 16일 청진 시가지에 들어섰다. 그리고 24일에는 길주, 평양, 함흥을 점령해 8월 말에는 북한 전 지역에 소련군이 주둔했다. 당시 일본의 조기 항복으로 소련의 북한 접수는 쉽게 이루어졌다.

소련군은 8월 10~14일 만주지역에 '형제인 중국인민에게' '형제인 조선인들이여' '형제인 몽골인들이여'라는 전단을 살포하였다. 그리고 북한에 도착한 25군 사령관 치스차코프는 북한 주민들에게 소련군은 해방군으로서 들어 왔다는 것을 강조했다.

소련군은 진주 후 얼마 지나지 않아 북한지역이 예전에 진주했던 다른 동유럽 국가들과 다르다는 것을 인지했다. 다른 국가들에서처럼 지역공산주의자들과 함께 추진했던 소비에트화 정책의 시행이 북한에서는 어렵다는 것을 깨닫게 된 것이다. 게다가 조선에서 활동하던 공산주의자들은 대부분 남한에 있었다.

소련은 한국에 대한 지식이 적었으며, 한국어 통역원도 준비되어 있지 않았다. 북한지역 점령에 대한 준비가 되지 않았던 이유는 원래 소련의 관심이 동유럽 및 중국의 공산화 문제, 만주지역 등이었기 때문이다.

1945년 8월 24일 소련군 선발대가 평양에 도착했고, 이틀 후인 26일에는 소련군 본대 3,000여 명이 평양에 진입했다. 26일 평양에 도착한 치스차코프는 이를 환영하기 위해 모여든 주민들 앞에서 포고령 제1호를 발표했다.

조선 인민들에게!

조선 인민들이여! 붉은 연합국 군대들은 조선에서 일본 약탈자들을 구축하였다.

조선은 자유국이 되었다. 그러나 이것은 오직 신조선 역사의 첫 페이지가 될 뿐이다.

화려한 과수원은 사람의 노력과 고려의 결과이다.

이와 같이 조선의 행복도 조선 인민이 영웅적으로 투쟁하며 꾸준히 노력하여야만 달성할 수 있다. 일제의 통치 하에서 살던 고통의 시일을 추억하라! 담 위에 놓인 돌멩이까지도 괴로운 노력과 피땀에 대하여 말하지 않는가? 당신들은 누구를 위하여 일하였는가?

왜놈들이 고대광실에서 호의호식하며 조선 사람들을 멸시하고 조선의 풍속과 문화를 모욕한 것을 당신들이 잘 안다.

이러한 노예적 과거는 다시 돌아오지 않을 것이다. 진저리나는 악몽과 같은 그 과거는 영원히 없어져 버렸다.

조선 인민들이여! 기억하라! 행복은 당신들의 수중에 있다. 당신들은 자유와 독립을 찾았다. 이제는 모든 것이 죄다 당신들에게 달렸다.

붉은 군대는 조선인민이 자유롭게 창작적 노력에 착수할 만한 모든 조건을 지어 주었다.

조선 인민 자체가 반드시 자기의 행복을 창조하는 자로 되어야 할 것이다. 공장 제조소 및 공작소 주인들과 상업가 또는 기업가들이여! 왜 놈들이 파괴한 공장과 제조소를 회복시켜라! 새 생산기업체를 담보하며 그 기업소들의 정상적 작업을 보장함에 백방으로 원조할 것이다.

조선 노동자들이여! 노력에서의 영웅심과 창작적 노력을 발휘하라! 조선 사람의 훌륭한 민족성 중 하나인 노력에 대한 애착심을 발휘하라! 진정한 사업으로써 조선의 경제적 및 문화적 발전에 대하여 고려하는 자라야만 모국조선의 애국자가 되며 충실한 조선 사람이 된다.

이 내용은 소련이 해방자로서 조선에 왔으며 소련의 질서를 강요하지도 않을 것이라는 내용이었다. 또한 조선 기업소의 재산을 보호한다는 내용도 포함되어 있었다.

소련의 북한 정권수립 구상

소련은 북한점령 초기 소비에트 정권을 수립하는 것보다는 '반일적 민주주의 정당 및 사회단체와의 광범한 동맹에 기초한 부르주아 민주주의 정권'을 수립하는 게 바람직하다고 판단했다. 따라서 부르주아지, 민족주의자들과의 세력 연합을 추구했고 소련군이 선택한 사람은 한국의 간디로 불렸던 조만식이었다.

　조만식은 소련군이 평양에 들어 왔다는 소식을 듣고 치스차코프를 방문했다. 당시 조만식은 소련군의 입북에 대해 "소련군은 해방군인가, 아니면 점령군인가?"라는 질문으로 그들의 의도를 파악하고자 했다. 치스차코프는 답변 대신 자신은 군인이기 때문에 이 문제는 정치문제 전문가이자 군사위원회 위원인 레베데프(Н. Г. Лебедев) 소장에게 문의하라고 했다. 이후 소련 군정 정치사령관 레베데프가 입북하자 조만식은 다시 레베데프를 방문했고, 같은 질문을 했다. 레베데프는 소련군이 온 목적은 "조선해방"이라고 답했다.

　소련이 북한에 어떤 정권을 수립하려고 했는지는 1945년 9월 20일 스탈린 지령을 통해 확인할 수 있다. 지령 중에서 몇 가지 내용을 살펴보면 다음과 같다.

- 북조선의 영역에서 소비에트나 그 밖의 소비에트 권력기관을 만들지 말고 소비에트적 질서를 도입하지 말 것.
- 북조선의 모든 반일적 민주정당과 단체의 광범한 블록을 기초로 하여 부르주아 민주주의적 권력을 수립하는 것을 원조할 것.
- 이와 관련하여 적군(赤軍)이 점령한 조선의 제 지역에서 반일적 민주적인 단체와 정당을 결성하는 것을 방해하지 말고 그들의 활동을 원조할 것.
- 북한의 민간행정에 대한 지도는 연해주군관구 군사평의회에 수행할 것.

이 지령에 따르면 소련은 비교적 중립적인 위치에서 북한체제를 정비하려는 것으로 보이지만, 소련의 최종 계획은 북한에 친소적인 정권을 수립하는 것이 목표였다.

소련은 당시 북한의 정치세력을 살펴본 후 지역별로 조직된 행정기구들에 포함된 좌익의 비율이 낮은 것을 확인했다. 일본이 항복을 선언한 후 일부 지역에서는 권력공백의 상태에서 자체적으로 치안대 등이 설립되었고, 어떤 지역에서는 기존의 일본 식민지기관이 있는 상태에서 그들과 연합해 설립된 것도 있었다. 하지만 이 기구들의 설립배경과는 상관없이 이미 북한 주민들은 이 조직들의 구성원들을 지지하고 있었기 때문에 소련은 기존의 단체들을 해산할 수 없었다.

이와 같은 상황에서 소련이 선택한 것은 좌·우의 비율을 비슷하게 만들어 단체를 합병하는 방법이었다. 그리고 이들은 인민(정치)위원회라는 명칭으로 통합되었다. 이렇게 해서 지역별로 도인민위원회가 재조직되어 평안남도에서는 8월 27일 좌우의 연합으로 평남인민정치위원회가 만들어졌다. 그리고 함경남도에서는 10월 5일 좌익 중심으로 함남인민위원회가 조직되었다. 대부분의 단체들은 10월 말 전에 조직 개편이 완료되었다.

1945년 12월 25일 소련군 총정치국장 슈킨(Шикин)이 외상 몰로토프(В. М. Молотов)에게 보낸 보고서에서는 소련의 목표가 명확하게 드러났다. 이 보고서는 "1945년 9월 21일자(발령일은 20일자) 최고 사령부 훈령, 즉 스탈린의 비밀지령이 언급한 '북조선에서 민주 정당 사회단체들의 광범위한 블록에 기초한 부르주아 민주주의 정권 창설'을 목표로 한 노선은 절대적으로 미흡하다. 그리고 소련의 국가이익을 보장할 정치, 경제적 교두보를 확보하지 못했다."고 지적하면서 "소련의 국가이익을 지킬 수 있는 인물 양성을 위해 중앙집권화하고, 반대세력을 약화시키기 위해 이른 시일 내에 농지개혁을 시행하며, 소련에 호의적이고 소련의 정치적 입장을 굳건히 지켜줄 간부를 양성하는 데 주력하라."고 강조하고 있다. 이는 치스차코프의 포고령 제1호와는 다른 내용으로 북한에 친소 정권과 친소 인물을 양성하라는 계획이었다.

질서유지 기관 설립

소련은 진주한 지역별로 경무사령부(위수사령부라도 한다)를 도·군·시 단위로 조직했다. 경무사령부는 일본이 떠난 북한사회에 새로운 질서를 세우고 주민들의 경제생활 등을 안정화하기 위해 설립한 것이었다. 또한 곧 북한에 주둔하게 될 소련 군부대에게 제공할 식량, 생필품, 연료 등을 확보하기 위한 것이기도 했다. 경무사령부는 도·군·시 단위로 설치되었는데, 도 단위의 경무사령부는 사령관, 정치부관, 통역 등 총 22명과 경비소대로 이루어져 있었다. 군 단위는 6명의 인원과 경비소대로, 시 단위는 도, 군보다는 작은 규모로 업무에 따라 적절한 인원이 배치되었다. 지역별 경무사령관은 정치, 행정, 경제 등의 분야에서 막강한 권한이 주어졌는데 이 지위는 명령, 지시를 할 수 있으며 이를 불이행한 자에게는 처벌을 할 수 있는 권한이 부여된 자리였다. 특히 친일단체 등의 재산 몰수, 무기 소지 금지, 통행시간 제한 등 광범위한 권한을 갖고 있는 위치였다.

하지만 북한사회에 일본인이 사라진 자리에 예전과 같은 업무를 담당하는 인사들이 나타난 것처럼 보이지 않기 위해, 또 경무사령부의 역량을 강화하기 위해서 88특별여단에서 근무했던 한국인들을 경무사령관의 부관이나 보좌관 등으로 임명했다. 1945년 9월 말 88특별여단의 대원 55명은 22개소의 경무사령부에 배치되었다.

경무사령부와 함께 북한의 질서유지 기능을 담당한 것은 민정부였다. 당시 남한은 미군정이라는 이름으로 미군이 주둔하였지만, 소련은 북한을 침략한 것이 아니라 해방했다는 것을 강조하기 위해 군정이 아닌 민정이라고 이름 지었다. 하지만 실제로는 소련군이 관리하는 소련군정이었다.

소련군사령부는 민정업무를 수행하는 데 상당한 어려움을 겪었다. 이에 10월 3일 대민 업무를 담당할 민정기관을 창설하였고, 로마넨코(A. A. Романенко)가 이를 지휘하였다. 민정부는 로마넨코의 이름을 따서 '로마넨코 사령부' 또는 '정치사령부'라고도 불렸다.

이 기관은 행정·정치부, 산업부, 재정부, 상업·조달부, 농림부, 통신부, 교통부, 보건부, 사법·경찰부, 보안·검열부 등 10개의 부서로 조직되었다. 소련은 이 조직의 역할이 "일제에 의해 파괴된 경제를 복구하고 정상적인 생활 기반을 조성하며 조선 인민 자신이 국가권력 수립에 방조하는 문제 등을 담당하는 것"이라고 규정했다. 그리고 부서마다 공업, 농업, 수송, 통신수단, 재판, 상업, 보건, 문화문제의 전문가들이 구성되어 있었다.

민정부는 1947년 5월까지 존속했으며, 이후 주북한소련민정청으로 개편되었다. 소련민정청은 13개 부, 총원 78명으로 구성되었다.

김일성은 일제 식민지 시기 훼손된 경제 분야에 도움을 준 소련군에 대해 "공화국 북쪽에 있는 위대한 소련군은 공장, 기업, 철도수송, 채석장, 광산의 재건에 순수한 도움을 주었다. 소련군과 그 지휘부는 공화국 북쪽의 모든 지역에서 우리의 노동자, 전문가와 함께 열성적으로 일을 하여 우리에게 헌신적 노동의 값진 열매를 주었다."고 평가했다.

소련은 외부적으로는 민정부라는 이름의 간접통치 방식을 취했지만, 실제적으로는 군정기관이었다. 그리고 이 기관이 북조선인민위원회가 설립된 이후까지 활동했던 것으로 미루어 보아도 소련이 북한의 행정 전반에 관여했다는 것을 알 수 있다.

2장

김일성의 등장과
조만식의 몰락

김일성과 보천보 전투

1937년 6월 4일 함경북도 갑산군 혜산진 보천보에 있는 주재소가
유격대로부터 습격을 받았다. 이 사건은 다음날 『동아일보』의 호외
로 보도되면서 국내에서 주목을 받았다. 당시 호외 내용은 '함남 보
천보를 습격, 우편소·면소(面所)에 충화(衝火)' '작야(昨夜) 200여 명이
돌연 내습, 보교(普校)·소방소에도 방화' '함남 경찰부에서 출동, 김일
성(金一成) 일파 ○○○○○로 판명'이었다. 그리고 '보천보 습격속보'
'추격경관과 충돌, 양쪽 사상 70명' '대안 23도구에서 교화(交火)' '혜
산·신갈파(新乫坡)·호인(好仁) 등 삼서(三署) 경관 총출동'이라는 보도

가 계속되었다.

1930년대에는 만주사변으로 일본의 조선 수탈이 강화되고 병참기지화 정책의 시행으로 탄압이 심했던 시기였다. 따라서 이와 같은 상황에서 발생한 항일운동은 국내에서 주목을 받았다.

하지만 후에 전투라고 붙여진 이 사건은 대규모 전투가 아니었다. 당시 혜산진에서 20킬로미터 떨어진 보천면 보전(保田)은 작은 시골 도시였다. 당시 거주자는 일본인 50명, 조선인 1,323명, 중국인 10명으로 총 1,383명이 거주하고 있던 지역이었다. 그리고 당시 주재소에는 5명의 경찰이 있었지만 이들은 전투 후에도 모두 생존했다.

이 사건이 확대된 것은 지리적 위치 때문이다. 보천보 근처에 있던 혜산진은 소문이 빠르게 확산되기 좋은 위치였다. 하지만 일본 주재소 습격사건은 당시 삶이 어려웠던 조선인들에게 힘이 되었고 따라서 부대를 이끌었던 김일성이라는 인물에 대해서 신화화가 형성되었다.

북한의 지도자로 김일성 선택

김일성은 1945년 9월 19일 원산에 도착했다. 연안파가 해방 후 국내에 진입하는 것에 어려움을 겪었던 것과는 다르게 김일성은 쉽게 한반도에 들어올 수 있었다. 그 이유는 김일성이 스탈린(И. В. Сталин)에게 선택받았기 때문이다.

중국에서 활동하던 동북항일연군은 1940년경 일본군의 대토벌작전으로 소련으로 이동하였고, 1942년 7월 소련극동전선군 88독립보병여단으로 재편되었다. 이 여단에는 60여 명의 조선인들이 있었지만, 스탈린은 이들 중에서 김일성을 선택했다.

당시 소련극동군 총사령부와 하바로프스크(Khabarovsk)에 있는 국가보안위원회(KGB) 극동본부는 모스크바 교외에 있는 별장에서 스탈린에게 김일성에 대한 내용을 보고했다. 당시 극동군 총사령부가 김일성을 추천한 이유는 그가 3년 동안 소련 군대에서 정치, 군사 훈련을 받았고 그 과정에서 그의 리더십을 인정받았기 때문이다. 또한 김일성의 경력은 1930년대 만주지역에서 중국공산당원으로 항일운동을 했으므로 조선공산당의 내부갈등과는 관련이 없다는 이유였다. 이러한 보고를 받은 스탈린은 김일성을 면접한 후, 현지 소련군에게 김일성을 적극 지원하라고 지시했다.

김일성은 10월 14일 평양시 공설운동장에서 소련군 환영행사에 등장해 국내에 첫 모습을 드러냈다. 30~40만여 명이 모인 자리에서 치스차코프는 김일성을 소개했다. 당시 사람들은 유격대를 이끌던

노(老)장군을 예상했지만, 이와는 다른 젊은 김일성이 등장해 가짜 김일성이라는 설이 돌게 되었다.

10월 14일 평양시 공설운동장의 집회는 사실 소련군을 환영하는 자리였다. 하지만 이후 북한에서는 이 행사가 김일성을 환영하는 행사였다고 선전하고 있으며, 보천보 전투도 항일운동의 큰 성과라고 평가하고 있다. 북한 정권이 수립된 후 1955년 8월 7일 '보천보혁명박물관'이 건립되었고, 1967년에는 '보천보전투승리기념탑'이 세워져 김일성의 우상화 작업으로 사용되고 있다.

조만식의 소군정에 대한 입장과 사망 경위

우선 조만식의 행적에 대해서 간단히 살펴보자. 조만식은 평안남도 강서 출신으로 호는 고당(古堂)이다. 어렸을 때 한학을 배우고, 평양 숭실중학교에 입학하면서부터 기독교 신자가 되었다. 일본 메이지대학 법학부를 졸업하고, 귀국 후 평안북도 정주에서 교육활동을 했다. 1919년 3·1운동에 참가하여 옥고를 치렀다. 그는 신간회 활동도 했으며, 조선일보사 사장도 역임했다. 1943년 일본의 지원병 제도가 실시되면서 이를 지원해 달라는 총독부의 요청을 거절해 구금되기도 했다. 조만식은 1945년 4월 고향인 강서군 반석면에 돌아가 있었지만, 조선이 해방되자 평양으로 왔다.

앞에서 이미 언급했지만 일본이 항복 성명을 발표한 후 평안남도 지사는 일본 측 인사들의 철수문제 및 치안문제 해결을 위해서 한국 사람들과 접촉하고 있었고, 조만식에게도 도움을 요청했다. 그리고 조만식을 중심으로 8월 17일 건국준비위원회 평안남도지부가 결성 되었다. 17일 당일 조만식은 성명을 발표했는데 그 내용은 패전한 일본인들에게 복수를 하지 말 것과 함께 조선인 친일인사들에게도 가해를 하지 말라는 것이었다. 이와 관련된 내용은 『평양매일신문』 18일자에 호외로 보도되었다.

하지만 건국준비위원회 등 당시 조직된 단체들에게 어떤 행정적 권한이 부여된 것은 아니었다. 비록 일본은 패전했지만 조선총독부 는 조선에서 만들어진 지역단체에게 권한을 넘겨 주지 않았다. 이것 은 식민지 국가에 대한 권한은 전쟁에서 승리한 연합국에게 있다는 생각에서 비롯된 것이었고, 일본은 소련군에게 그 권리를 넘겼다.

그렇다면 이미 북한의 지도자를 선택한 소련이 왜 조만식과도 좋 은 관계를 유지하려고 했던 것일까? 소련의 초기 북한 정권 수립 목 표는 부르주아지, 민족주의자들과 연합하는 형태였고, 그 대상은 지 역적 인망이 높았던 조만식이었다.

그리고 조만식 역시 소련에 대한 기대가 있었다. 조만식이 레베데프에게 입북한 이유를 물었을 당시 그는 몇 가지 충고도 했다. 조만식은 해방 직후 평양의 정치, 경제, 사회상황 등을 상세히 설명하면서 기본 정치노선은 '민주주의'여야 하고, '자본주의'에 입각한 경제제도를 채택해야 한다고 했다. 또한 '자주 독립국가'의 건설로서 피압박민족의 한을 풀어야 하고 '종교, 언론, 집회, 결사의 자유 보장'을 강조했다. 이에 대한 답변으로 레베데프도 조만식에게 "앞으로 서로 협력해서 그런 사업들을 해 나가자."고 했다.

당시 소련에 대한 조만식의 호감을 확인할 수 있는 것은 1945년 10월 14일 평양시 공설운동장에서 개최된 '소련군 환영대회'에서의 발언이다. 그는 "조선을 해방시켜 준 소련군에 감사"하며 "민주조선을 위해 투쟁하겠다."고 말했다. 그리고 소련군의 요청으로 1945년 11월 3일 조선민주당을 창당했다. 그 조직은 당수 조만식, 부당수 이윤영, 최용건, 정치부장 김책으로 구성되었다.

하지만 12월 모스크바 3상회의가 개최되고 한국에 신탁통치 실시 문제가 논의되자 조만식과 소련군정은 대립하기 시작했다. 이후 한국에서 신탁통치가 결정되자 12월 30일 치스차코프는 조만식을 식사에 초대해 그에게 지지를 요청했다. 하지만 조만식은 이를 거절하였고 결국 그는 고려호텔에 연금되었다. 이후 조만식은 북한의 정치무대에서 퇴출되었다.

당시 상황을 레베데프의 증언으로 살펴보면 소련 민정 사령관 로마넨코는 조만식에게 "후견제를 찬성하는 성명만 발표해 준다면 소련은 김일성을 군부책임자로 하고, 조만식을 초대 대통령으로 모시겠다."고까지 설득했으나 조만식은 끝내 거절했다고 한다.

조만식은 1947년 제2차 미소공동위원회 무렵에 서울에 가기를 원했다. 당시 상황을 살펴보면 다음과 같다. 모스크바 3상회의 결정에 따라 한반도에서 임시정부수립을 위해 미국과 소련 사이에 공동위원회가 설치되었다. 1946년 3월 제1차 미소공동위원회 회의가 서울에서 열렸으나 합의를 하지 못하고 5월 6일 무기 휴회가 선언되었다. 1년이 지난 1947년 5월 21일 제2차 미소공동위원회가 재개되었다. 당시 조직된 공동위원회는 6월 25일 남한에서 정당 및 사회단체들과의 합동회의를 개최했고, 6월 30일에는 평양을 방문했다. 이때 미국 측 대표였던 브라운(Brown) 소장이 소련군정의 허락을 받아 조만식을 만났다. 이날 회견에는 브라운과 조만식 외에 주한 미군사령관 하지 중장의 경제고문인 번스(Bunce) 박사, 통역, 타자수가 함께 참석했는데, 당시의 '브라운-조만식 회견 기록'을 통해서 조만식이 서울에 가기를 원했다는 것을 알 수 있다.

조만식의 사망 경위에 대해서는 박병엽의 증언이 참고할 만하다.

박병엽은 전 조선로동당 부부장의 경력을 가진 탈북인사로, 신경완, 서용규, 황일호, 신평길, 최종민 등의 가명을 사용해서 북한 내부에서만 알 수 있는 사실들을 한국에 소개한 바 있다. 조만식의 사망 경위를 살펴보면 다음과 같다. 6·25전쟁이 발발하자 조만식은 고려호텔에서 폭격에 대비할 수 있게 만든 방공호가 있는 동평양에 있던 초대소(안가)로 옮겨졌다. 이후 10월 10일경 평양 후퇴가 시작될 무렵 다른 납북인사보다 먼저 강계를 향해 출발했다. 당시 다른 사람들보다 일찍 출발하게 된 이유는 내각 부수상이었던 홍명희의 부탁 때문이었다. 하지만 조만식은 장기간 고려호텔에 연금되어 있었기 때문에 몸이 쇠약하여 후퇴 중에는 경비병에게 업혀 가기도 해서 시간이 지체되었다. 그리고 평안남도 숙천 근처에서 미 공군의 폭격을 받게 되자 당황한 경비병은 조만식을 총으로 쏘고 혼자 도망쳤고, 이후 상부에는 죽었다고 보고했다.

사후 20년이 지난 1970년 8월 15일 조만식에게 건국훈장 대한민국장이 추서되었고, 그는 1991년 11월 5일 서울 동작동 국립묘지 국가유공자 제2묘역에 안장되었다. 당시 묘역에는 고당의 유해 대신 부인이 간직해 오던 머리카락과 안장 당시 지은 수의가 봉안되었다.

3장

해방 당시 북한의
주요 세력

해방 이후 북한에서 조선민주주의인민공화국을 수립하는 데 기여를
한 세력은 크게 국내파, 만주파, 연안파, 소련파 네 부류로 구분할 수
있다. 만주파는 항일유격대, 빨치산파로도 불리지만 이 글에서는 활
동지역을 중심으로 만주파, 연안파, 그리고 소련파라는 용어를 사용
한다.

국내파

국내파는 국내에서 항일독립운동을 전개했던 사람들로, 함경도 지

역에서 공산주의 활동을 했던 오기섭, 정달헌, 최용달 등이 있다. 1945년 8월 고향이 함경남도 지역인 오기섭, 정달헌 등을 중심으로 모인 사람들이 조선공산당의 재건을 선포하였다. 당시 남한에 있던 박헌영을 지도자로 추대하면서 1945년 10월 13일 평양에서 조선공산당 북조선분국이 수립되었다. 초기에는 형식상 서울에 있는 중앙위원회의 지시를 받았지만 1946년 9월 총파업 이후 박헌영이 월북하면서 그를 중심으로 이 체제가 유지된다.

국내파 중 주요 인사를 살펴보면 다음과 같다. 오기섭은 1902년 함경북도에서 출생했다. 1919년부터 항일운동에 참가했고, 1926년 조선공산당에 입당했다. 1926년부터 1929년까지 독립운동을 한 이유로 투옥되었다. 1948년 조선로동당 중앙위원, 최고인민회의 대의원 등을 역임하였으나, 1957년 종파분자로 몰려 추방되었다.

정달헌은 1897년 함경남도 홍원에서 출생했다. 그는 1925년 조선공산당에 입당하고 1926년부터 지하공작활동을 했다. 1931년 평양에서 동맹파업을 주도한 이유로 1938년까지 투옥되었다. 해방 이후 평안북도 인민위원회 위원장을 맡았으나 1949년 북조선로동당 제2차 당대회에서 종파행위로 비판을 받아 추방되었다.

만주파

일제 강점기 국내에서 독립운동을 하던 인사들도 있었지만, 국외로 나간 사람들도 많았다. 특히 한반도와 인접한 중국지역에서 활동한 사람들이 많았는데, 1935년 만주지방에 중국인과 조선인의 연합 부대인 동북항일연군이 조직되었다. 이들은 일본의 대토벌작전이 시작되자 1940년경 소련으로 이동하였고, 1942년 소련 극동전선군 88독립보병여단으로 재편되었다. 여기에는 약 60여 명 정도의 조선인이 있었는데, 그 중에 김일성이 포함되어 있었다.

만주파의 입북은 연안파에 비해 비교적 용이했는데, 이는 소련의 배려가 있었기 때문이다. 이들은 1945년 9월 5일 하바로프스크에서 군용열차를 통해 무단강(牧丹江)으로 이동하였으나 압록강철교의 파괴로 인해 선박으로 블라디보스토크(Vladivostok)로 갔다가 다시 군함을 타고 1945년 9월 19일 원산에 도착했다.

만주파의 대표적인 인사들로는 김일성 외에 최용건, 김책, 강건, 김일이 있다. 최용건은 1900년 평안북도에서 출생했다. 1925년 중국 운남군관학교를 졸업한 후 황포군관학교에서 재직, 1936~1939년 동북항일연군에서 활동했다. 김일성과는 1941년에 처음 만났다. 해방 후 1946년 2월 북조선임시인민위원회의 보안국장 등 북한 정권 수립에 큰 공을 세운 것을 인정받아 1976년 사망 후 혁명열사릉에 안치되었다.

김책은 함경북도 학성 출신이다. 옌지현으로 이주해 생활했고, 1927년부터 항일운동을 시작해 동년 가을에 서대문형무소에 구금되었다. 1932년 유격대에 입대해 북만지역에서 활동했다. 해방 후 평양학원 초대원장, 북조선임시인민위원회 부위원 등을 역임했다. 6·25전쟁 중에 사망했는데, 그의 이름을 딴 김책시와 또 김책공업대학교 등이 있다.

연안파

중국 화남지역에서 활동하던 조선의용대는 김원봉(金元鳳)이 조직한 민족혁명당의 군사조직이었다. 이후 이들 중 상당수가 화북지방으로 이동해 조선의용대화북지대로 개편되었다. 이 단체는 무정(武亭)이 이끌었는데, 1942년 화북조선독립동맹이 조직되면서 그 산하의 무장조직으로 편제되어 조선의용군으로 개칭되었다. 조선이 해방되자 1945년 10월 초 조선의용군은 신의주 대안 안동현(安東縣)으로 이동하여 그곳의 한인 신흥상업학교(新興商業學校)에서 '조선의용군 압록강지대'를 결성하였다. 이들은 압록강을 건너 신의주동중학교 (新義洲東中學校)에서 머물게 되었는데, 당일 밤 평안북도 보안부장 한 웅(韓雄) 지휘 하의 보안대에게 무장해제되어 안둥현으로 돌아갔다. 이것은 소련군의 지시에 의한 것이었다. 단체 입국이 거절된 연안파 는 1945년 12월 무정, 김두봉, 최창익 등 70여 명만이 개인자격으로 입북했다. 해방 이후 소련이 이들의 입북을 막은 것은 무장을 한 연 안파가 진입하면 북한의 권력구도에 변화가 생길 것을 우려했기 때 문이다.

연안파의 대표적인 인사로는 최창익, 무정, 박일우 등이 있다. 최 창익은 1896년 함경북도에서 출생했다. 일본 와세다 대학을 졸업, 1923년 7월 고려공산청년동맹에 참여했다. 1920년대 주로 만주지 역에서 있었고, 조선민족혁명당, 조선의용대 등에서도 활동했다. 해 방 이후 조선신민당에서 활동하고, 1946년 북조선로동당이 출범하 자 상무위원 및 정치위원을 역임했다. 이후 1956년 8월 종파사건으 로 실각했다.

무정은 1905년 함경북도에서 출생했다. 중국 북방군관학교를 졸 업했고 1925년 중국공산당에 가입했다. 1940년 화북조선독립동맹 산하의 조선의용군 사령관직을 맡았다. 6·25전쟁기 제2군단장직을 맡았으나 1950년 12월 조선로동당 중앙위원회 제3차 전원회의에서 숙청되었다.

소련파

소련군사령부는 북한점령 통치체제를 재편성하고자 1945년 11월 소련 국방인민위원회의 지시에 의거하여 '민정담당부사령관직제'를 도입했다. 하지만 이 제도는 기구의 규모가 작고, 북한의 정치, 경제 환경을 조직할 능력이 있는 간부가 부족했기 때문에 소련파 472명을 선발해 북한에 파견했다. 소련파에는 허가이, 남일, 박창옥 등이 있다.

허가이는 러시아 연해주에서 출생한 2세로, 소련 공산당 간부로 활동하다 입북했다. 그는 소련이 직접 선발해 온 인물로 북한에서 급속도로 높은 위치에 앉게 되었다. 1946년 북조선로동당 중앙위원 및 상무위원 등으로 활약했다. 6·25전쟁 시기 인민군의 후퇴과정에서 당원증을 소각, 파기한 군인들에 대해 과도한 처벌을 했다는 이유로 1950년 11월에 열린 조선로동당 제3차 전원회의에서 숙청되었다. 1953년 자살한 것으로 알려져 있다.

박창옥은 함경북도 출신으로 소련에서 대학교육을 받고 교사가 되었다. 1945년 소련군 정치요원들과 함께 첫 번째로 입북한 소련 파 인사이다. 1948년 최고인민회의 제1기 대의원, 1950년 조선로동당 중앙위원회 선전부장 등을 역임했다. 1956년 8월 종파사건 당시 당 중앙위원회에서 숙청되었다.

4장

북한의
중앙정권수립

5도 인민위원회 연합회의

10월 8일 소련은 각 지역에 조직된 인민(정치)위원회를 평양으로 소집해 '5도 인민위원회 연합회의'를 개최했다. 이 회의의 주제는 첫째, 농업생산과 식량문제, 둘째, 군수공장을 민수공장으로 개편하는 문제, 셋째, 금융재정문제, 넷째, 지방기구의 정비통일에 관한 문제 등으로 민생문제 해결을 위한 것이었다.

당시 참석인원은 110명의 각도 인민위원회 대표와 40명의 평안도 노동자, 농민, 인텔리 대표였으며, 치스차코프 사령관을 포함한 20여 명의 소련군사령부 관계자들도 참석했다. 조만식, 김용범, 오기섭과 같은 북한 내 유력한 정치지도자들이 참석한 이 회의에서는 협의기구의 구성이 결정되었다. 이는 평안남도 정치인민위원회를 중심으로 다른 도의 인민위원회가 참여하는 형식이었다. 당시 평안남도 정치인민위원회는 소련군사령부와 직접 대면이 가능했고 또한 당시 시점에서 조만식과 소련군사령부의 관계가 원만했기 때문에 이 방법이 채택되었다.

치스차코프는 개회사에서 소련군은 북한에 소비에트 정권을 수립하거나 소비에트 질서를 세우려는 계획이 없으며 북한에서 민주적인 방법을 통해 지방정권기관을 수립할 것이라고 언급했다. 평안남도 건국준비위원회 부위원장 오윤선의 아들이자 조만식의 비서 오영진은 이 회의에 대해 "각 도에서 적당한 인물이 선발되어 대회에 소환을 당했지만, 그들은 무슨 이유로 평양에 가는지 대개는 모르고 있었다. 5도 대회가 왜 열리는지 몰랐다."고 회고하고, 소련군 사령관은 "조선에 민주주의국가를 수립하기로 약속하고 우선 5도의 행정을 통괄적으로 수행하기 위하여 본대회를 소집한다는 간단한 개회사를 말했다."고 한다. 하지만 "38선의 철폐와 통일조선에 대하여서는 일언반구도 말하지 않았다."고 증언했다.

연합회의 이후 10일에서 13일까지 70여 명의 공산주의자들이 모여 '서북 5도당 책임자 및 열성자 대회'를 개최했다. 여기서 조선공산당 북조선분국이 수립되었는데, 이 단체가 조선로동당의 모체라고 할 수 있다. 북한은 이 날짜를 기념해 10월 10일을 조선로동당 창건 기념일로 지정했다. 현재 북한의 사회주의 7대 명절 중 하나이다.

북조선 행정 10국

5도 인민위원회 연합회의 결과 11월 19일 북조선 행정 10국이 창설되었다. 북한의 중앙정권기관의 수립은 행정 10국의 조직에서부터 시작된다. 행정 10국의 부처는 산업, 교통, 체신, 재정, 농림, 상업, 보건, 교육, 사법, 경찰국으로 구성되었다. 행정 10국의 설치목적은 "경제생활을 급속히 정제시키며 경제생활의 통일적 지도와 관리사업의 만전을 기하며 민정에 관한 협의"를 하는 데에 있었다. 이 기관에 10월 3일 설치되었던 소련 민정부 대표들이 파견되어 자문을 했다.

　행정 10국 부서장의 당파별 비율은 공산계와 비공산계가 비슷하게 배치되었다. 하지만 이들은 거의 전문성과 기능에 따라 선발되었기 때문에 비공산계 중에서도 친일혐의를 갖고 있는 인물들도 있었다. 이것은 해방 직후 북한에 전문가들이 절대적으로 부족한 환경에서 조직되었기 때문이다.

예를 들어 정준택은 일제시기 조선과 만주지역의 광산회사에서 근무했던 경력을 가진 인물이었다. 하지만 그는 능력을 인정받아 행정 10국의 산업국장으로 임명되고, 이후 북조선인민위원회를 거쳐 1948년 조선민주주의인민공화국이 수립되자 국가계획위원장을 맡았다. 또한 1949년 김일성이 스탈린에게 전쟁 개전에 대한 동의를 얻기 위해 동행한 북한대표단의 일원이었다. 이후에도 정준택은 계속해서 북한 정권수립 과정에 참여했는데, 사망 후 신미리 애국열사릉에 묻혔고, 북한은 그를 추도하여 원산경제대학을 정준택 경제대학으로 개명했다. 전문가 부족현상으로 일본인 기술자들도 북한에 남아 산업시설 복구에 동원되었는데, 1946년 10월까지 있던 일본인 기술자는 1,200명이었다.

북조선임시인민위원회

행정 10국이 조직되어 활동하던 1945년 말 신탁통치 문제가 제기되면서 북한은 좌익 중심으로 국면이 바뀌기 시작했다. 행정 10국에 대한 경험을 바탕으로 북조선임시인민위원회(이하 임시인위)가 발족되었다. 1946년 2월 7일 '북조선임시인민위원회를 수립하기 위한 정당, 사회단체 대표들의 예비회의'가 개최되었다. 다음날에는 예비회의에 참가했던 각 정당·사회단체 대표 14명의 발기로 '북부조선 각 정당·각 사회단체·각 행정국 급 각 도·시·군 인민위원회 대표 확대회의'가 평양에서 개최되었다. 당시 참가자는 총 137명이었다.

9일 회의에서는 임시인위 위원을 선출했는데, 위원장 김일성, 부위원장 김두봉, 서기장 강량욱 등 3명의 상무위원을 포함해 전체 26인으로 구성되었다. 임시인위는 기존의 행정 10국과는 다른 형태로 최고 책임자가 있는 중앙정권기관의 모습을 갖추었다. 하지만 인원 변동에 있어서는 몇 명을 빼고는 행정 10국의 인사들이 그대로 유임되었다.

임시인위 수립에 대해서 북한 주민은 이를 긍정적으로 평가했다. 2월 10일 평양에서는 10만 군중이 참가하여 경축시위를 개최하였고, 그 외 도시와 농촌에서도 경축대회가 열렸다.

임시인위는 북한 전역의 치안부문 전체를 장악하는 보안부를 관할 아래에 두었다. 이를테면 북조선임시인민위원회 산하에는 보안부, 도인민위원회 산하에는 보안국, 군·면 인민위원회 산하에는 보안서와 보안대가 각각 위치하여 보안부-보안국-보안서-보안대 체계가 확립되었던 것이다. 이제 각지의 치안대·적위대는 완전히 사라지고 보안대로 일원화되었다.

북조선인민위원회

비록 임시인위가 조직되어 활동하고 있었지만 이 위원회는 직접선거에 따라 만들어진 기관이 아니었기 때문에 일반 주민들에 대한 공식적인 위임이 보장되지 않았고, 여기서 결정된 정책들은 적법성이 없는 것이었다. 이러한 문제를 해결하기 위해서 1946년 9월 5일 임시인위 제2차 확대집행위원회는 각급 인민위원회 선거 실시에 관한 결정을 채택했다. 그리고 11월 3일 선거가 진행되어 도·시·군 인민위원으로 3,459명이 선출되었다.

그러나 당시 선거에는 문제점이 많았다. 투표 경험이 전혀 없는 농민·노동자들에게 사전에 투표 예행연습을 시켰고, 흑백투표함을 마련해놓고 천으로 둘러쳐진 투표소에 들어가 흑백함에 투표용지를 넣는 연습까지도 했다.

1947년 2월 17~20일까지 4일간에 걸쳐 평양에서 각 도·시·군 인민위원회 및 각 정당·단체 대표 1,157명이 참석한 가운데 북조선 도·시·군 인민위원회대회가 개최되었다. 20일에 「북조선인민회의 규정에 관한 법령」이 통과되면서 선출된 대의원 237명으로 북조선 인민회의가 구성되었다. 북조선인민위원회에 관한 규정에는 제1조에 "북조선인민위원회는 조선에 민주주의임시정부가 수립되기까지 북조선인민정권의 최고집행기관이다."라고 명시되어 있다.

조선민주주의인민공화국 수립

북한에서 중앙정권기관 수립을 위한 준비가 진행되고 있을 때 1946년 결렬된 미소공동위원회에서 한국문제가 다시 부각되었다. 1947년 9월 17일 미국은 한국문제의 유엔 이관을 결정했다. 그리고 11월 14일 미국은 유엔에 '유엔임시한국위원회(UNTCOCK) 조직안'을 제출하고, 유엔총회는 한반도 문제에 대해 유엔 감시 하 인구비례에 의한 총선을 통해 정부를 수립하기로 결정했다. 이에 대해 북한에서는 유엔 결의를 반대하고 유엔임시한국위원단의 입북을 거절했다.

하지만 남한에는 유엔한국임시위원단이 들어가게 되어 1948년 1월 1일 위원단 부사무국장 루카스 그레이엄이 서울에 도착하였으며, 1월 8일에는 중국, 프랑스, 필리핀, 시리아, 인도, 호주, 엘살바도르, 캐나다 등으로 구성된 위원단이 도착했다. 이 상황에서 남한에 있던 김구와 김규식이 통일문제를 논의하기 위해 북한과 교섭을 했고, 전조선제정당사회단체연석회의가 4월에 북한에서 개최되었다.

1948년 5월 10일 제헌국회를 구성하기 위한 선거가 남한에서 실시되었고, 북한은 9월 9일 조선민주주의인민공화국의 수립을 선포했다. 새로 수립된 북한 정권은 초대 내각 성원이 남한 출신 10명, 북한 출신이 12명이었다.

5장
당·군의 건설과 체제 확립을 위한 전문 인력 양성

조선로동당 창당

1946년 7월 중순, 김일성과 박헌영은 모스크바에 초청되어 스탈린과 면담했다. 스탈린은 이들에게 공산당과 신민당이 합당해서 새로운 정당을 조직할 것을 제안했다. 그리고 이를 받아들인 북한의 지도자들은 8월 28~30일에 회의를 거쳐 북조선로동당을 창당했다. 이시기에 스탈린이 연합정당을 제안한 것은 1946년 6월 개최되었던 제1차 미소공동위원회가 결렬되자 북한만이라도 사회주의화하려고 시도한 것이었다.

　해방 이후 북한지역에는 여러 정당들이 조직되었는데, 이는 소련

군사령부의 발표 때문이다. 소련군사령부는 10월 12일 '제25군 사령관 명령 제7호'를 발표했다. 그 내용은 "북조선 구역 내에 일본 침략주의의 잔재를 영원히 근절시키며 민주주의 초보와 공민 자유의 공고를 자기의 과업으로 내세우는 모든 반일민주주의 단체들의 결성 및 그들의 활동을 허가한다."는 내용이었다. 이는 소련군정이 정당의 조직 등에 있어서 특별한 제제를 가하지 않겠다는 의미였다.

이에 따라 평안남도 건국준비위원회를 조직했던 조만식을 중심으로 11월 3일 조선민주당이 창당되었다. 비록 조만식이 주도는 했지만, 소련군정이 그 사이에 개입하여 최용건, 김책 등이 그 안에 포함되었다. 하지만 조만식이 신탁통치 반대 이후 정치적으로 제거되자 최용건이 중심이 되었고, 또 우익 측 간부들이 월남하면서 조선민주당의 활동 영역은 축소되었다.

1945년 9월 14일 남한에서 조직된 천도교청우당은 북한지역에 독립적인 조직을 결성할 것을 결정하였고 이에 북조선천도교청우당이 1946년 2월 8일 창당되었다. 이 정당은 소비에트 연방 및 제(諸)민주주의 국가와의 우호를 강화한다는 내용 등을 당면 임무로 제시하고 활동했다. 특히 모스크바 3상회의 결정을 지지한다는 성명을 발표하기도 하는 등 소련군정과 협력관계를 유지했다. 하지만 1948년 유엔한국임시위원단이 남한을 방문하자 남한에 있던 천도교청우당과 한국문제의 유엔 이관 반대운동 등에 대한 의견 대립 및 내부의 불화로 어려움을 겪게 되었다. 1949년 12월 남한에서 제정된 '정당에 관한 규칙'에 따라 해체된 남한의 천도교청우당을 통합해 1950년 북조선천도교청우당은 천도교청우당으로 개칭했다. 하지만 이 당은 북한 정권에서 특별한 영향력을 행사하지는 못했다.

조선신민당은 1946년 2월 16일 중국 옌안(延安)에서 활동하던 공산주의자 정치집단인 조선독립동맹 계열에서 조직한 정당이었다. 주석 김두봉, 부주석 최창익, 한빈을 중심으로 조직되었는데, 별다른 활동을 하지 못하고 북조선공산당과 통합되어 북조선로동당이 되었다.

조선공산당 북조선분국은 1945년 10월 북조선 서북 5도 대표자 및 열성자 대회의 결의에 따라 조직되었다. 책임비서 김용범, 제2비서 무정, 오기섭이 선출되었다. 이후 1946년 4월 북조선공산당으로 개칭되었으나 조선신민당과의 합당으로 북조선로동당이 된다.

스탈린의 지시에 따라 조직된 북조선로동당의 구성은 신민당 출신 김두봉이 위원장, 김일성이 부위원장이 되었다. 하지만 대회에서 보여 준 모습은 지위에 관계없이 김일성이 최고지도자라는 것이 드러났다.

초기에 소련군은 남한에 있는 박헌영의 권위를 인정할 수밖에 없었다. 따라서 스탈린은 김일성과 박헌영을 함께 모스크바로 초청했던 것이다. 이후 제2차 미소공동위원회가 결렬되자 공산주의의 중심지는 남한이 아니라 북한이어야 한다는 점이 명백해졌다. 결국 1949년 6월 30일 북조선로동당은 남조선로동당과 통합하여 조선로동당으로 개칭되었다.

조선인민군 창군

소련은 제2차 세계대전 기간 중에 그리고 종전 직후에 중국, 몽골, 동유럽에서 정규군 창설을 지원했다. 이와 같은 작업은 북한에서도 진행되었는데, 북한의 군 창설 지원은 소련군사고문단을 중심으로 진행되었다. 초대 고문단장 스미르노프(И. И. Смирнов) 소장은 1946년 9월에 입북하여 당시 초급장교 양성, 부대 신설과 운영 등을 지원했다.

소련군의 군사조직 정비로 1945년 10월 21일 진남포에서 '보안대'가 창설되었고, 각 도마다 '도 보안대'가 조직되었다. 북조선공산당 중앙 제5차 확대집행회의의 결정에 따라 국경과 38도선 및 철도경비를 위한 보안대 창설이 추진되었다. 이후 1946년 1월 11일 철도시설의 경비를 담당하는 철도보안대가 조직되었다. 보안대를 조직할 초기에는 군 경력이 있는 연안파 출신이 소수였기 때문에 보안대 간부로 임명된 사람들 가운데는 일본군 학병 출신도 있었다.

정규군 창설을 위한 시도로 1946년 6월 평안남도 개천에 '보안간부훈련소'가 설치되었고, 그 외 철도경비훈련소도 만들어졌다. 북한은 1946년 8월 15일 이러한 기관들을 통합, 지휘하기 위해 '보안간부훈련대대부'를 조직했다. 이 조직은 보안간부훈련소의 지휘부처럼 보였지만 실제로는 최고참모부였다. 이 조직은 사령관 최용건, 부사령관 겸 문화부사령관 김일, 포병부사령관 무정으로 구성되었다. 그리고 그 산하에는 평양학원, 중앙보안간부학교, 철도경비대, 보안훈련소 등이 있었다.

1947년 5월 17일 인민집단군이 만들어지면서 정규군의 면모가 갖추어졌다. 총사령관에는 최용건이 유임되고 참모진도 그대로 유지되었다. 1948년 2월 2일 조선로동당 중앙위원회의 결정과 2월 4일 북조선인민위원회의 결정에 따라 북한군의 '행정적 통제부서'로 '민족보위국'이 신설되었고, 김책이 초대국장이 되었다.

1948년 2월 8일 조선인민군의 창설이 공개적으로 발표되었다. 현재 북한에서는 조선인민군의 창건기념일을 4월 25일로 지정해 기념하고 있다. 창건 후 1977년까지는 2월 8일을 기념일로 지정했지만,

1978년부터 창건일을 4월 25일로 변경했다. 이 날짜는 1932년 김일성이 조직했다는 조선인민혁명군의 창립일이다. 북한은 김일성의 유일사상체계가 확립된 후 그의 업적을 강조하기 위해 기념일을 변경했다.

소련계 한인들의 입북

소련은 북한체제 구축에 필요한 인력을 소련계 한인들을 통해 보강했다. 입북한 사람은 교원 출신이 많았고, 북한체제 구축에 필요한 교육 분야 및 간부 양성 등의 업무를 수행했다.

소련 한인들의 입북과정을 살펴보기 위해 먼저 1930년대 한인들의 중앙아시아 지역으로의 이주에 대해 살펴보자. 1937년 소련은 극동에 거주하고 있던 한인들을 강제로 중앙아시아에 이주시켰다. 이 계획은 1937년 8월 21일 결정된 '극동지방 국경 부근에서 한인 거주민을 이주시키는 문제에 관한 소비에트 사회주의 연방공화국 인민위원회에 전소공산당 중앙위원회의 결의안'에 근거한 것이었다. 이 사업은 약 한 달 동안 진행되어 1937년 10월 25일 극동지역 한인 총 3만 6,442가구, 17만 1,781명이 이주되었다. 또한 별도로 캄차카(Kamchatka) 및 오호츠크(Okhotsk)에 특별이주자 700명이 이송되었다.

이들의 이송에 대해서는 여러 가지 견해가 있다. 첫째, 접경지역에 거주하고 있던 한인들이 일본의 스파이 노릇을 하지 않을까 하는 우려 때문에, 둘째, 한인들이 소련 극동지역에서 한인자치구역을 주장할지도 모른다는 예측으로, 셋째, 한인들을 중앙아시아로 보내 개척지를 개발할 목적으로 이주시켰다는 등의 의견들이 있다. 결국 약 20만 명의 한인들이 중앙아시아의 카자흐스탄(Kazakhstan), 우즈베키스탄(Uzbekistan) 등지로 강제 이주했다.

소련군은 한반도에 진입하자 군정을 실시하는 과정에서 필요한 통역 요원과 북한에서 선전작업을 하기 위한 인력이 필요하다는 것을 알았고 이에 극동지역으로 이주시켰던 한인들을 떠올렸다.

1945년 가을 중앙아시아에 있던 군·당 기관들은 북한에 파견할 한인들을 모집했다. 이들은 일반적으로 교사, 한인 지식인 그리고 당 경력이 있는 자, 사병 또는 하사관의 군인 출신이었다.

1945년 8월부터 1948년까지 전문가 428명이 북한에 급파되었다. 소련군에 소속되어 대일전에 참가했던 한인들, 조선에 파견되어 첩보공작 중에 해방을 맞이한 한인들이나 1945년 8월 29일 소련군 진주 때 평양에 도착한 한인들, 그리고 김일성 부대와 함께 입북한 사람들을 제외하고는 총 4차례에 걸쳐 소련계 한인들이 북한에 들어 갔다.

이 안에는 교사 및 민간인 전문가들도 있었는데, 교사 자격으로 간 사람들은 중앙아시아에서 반년 동안 '특별교사양성소'의 교육을 받은 후 파견되었다. 이때 입북한 사람이 남일이다. 그는 우즈베키 스탄의 타슈켄트 사범대학에서 교편을 잡았지만, 제2차 세계대전에 는 소련군으로 참전했다. 그리고 입북 후 1946년 북조선임시인민위 원회 교육국 부국장을 맡았고, 6·25전쟁이 발발하자 인민군 총참모 장으로 활약했다. 또한 소련군정의 업무뿐만 아니라 북한의 당 및 국가기관들을 지도할 간부들도 입북했다.

고등교육기관 설립

해방 후 북한지역에는 고등교육기관인 대학이 없었다. 북한에는 몇 개의 전문학교가 있었지만, 조선인 학생은 소수였다. 조선에 있는 종합대학은 경성제국대학이 유일했고, 분단으로 남한에 위치하게 되었다. 이에 김일성은 1946년 5월 7일 인민종합대학 개교를 지시 했다. 동년 5월 27일 종합대학건설준비위원회가 결성되었고, 김일성종합대학이 10월 1일 설립되었다. 대학 설립과정에서 가장 어려웠던 것은 교수진의 확보였다. 일제 시기에 조선인들은 고등교육을 받을 기회가 없었고, 또한 다수의 학자들은 서울을 중심으로 남한에 있었다. 1946년 7월 31일 김일성은 남한에서 지식인들을 데려오기 위해 직접 파견원을 보냈고, 김석형, 박시형, 전석담, 김광진, 정진석, 김병제, 도상록, 한흥수, 려경구, 최삼렬, 원홍구, 계응상 등이 입북했다. 종합대학에 초빙된 남한의 학자들은 대체로 경성제국대학 출신, 진보적 정당의 당원 등의 활동을 했던 교수들이었다. 이렇게 초빙된 학자들은 종합대학 창설의 주역이자 이후 북한 학계를 대표하는 학자, 문화인, 과학자가 되었다.

종합대학 외에도 각 분야의 전문가 양성을 위한 대학들이 설립되었다. 의학 관련 대학으로 1946년 9월 1일 함흥의과대학이, 1946년 10월 1일에는 흥남공업대학이 설립되었다. 그리고 교원 양성을 위한 청진교원대학이 1946년 10월 20일 설립되었다. 이렇게 대학 설립을 진행한 결과 1949년 말에는 총 15개의 대학이 북한에 세워졌다.

남한에서 온 학자들 외에도 북한 고등교육의 발전과정에는 소련에서 파견된 한인들의 역할도 컸다. 대표적인 인물로 남일과 박일이 있다. 1946년 10월 북한에 도착한 남일은 북조선인민위원회 교육국 부국장에, 박일은 김일성종합대학 부총장에 임명되었다. 특히 1941

년에 레닌그라드 사범대학을 졸업하고 카자흐스탄 종합대학에 근무했던 박일은 초기 대학업무 전반을 총괄했다. 종합대학에 충원된 소련파는 전영환, 이동화, 허익, 박영, 김용성, 채규형, 김택영, 오완묵, 명월봉 등이 있다. 이들은 국가건설기에 '선진적 소련의 교육제도와 교육사상'을 북한 교육에 접목시키는 역할을 담당했다.

또한 소련민정국은 북한의 각 행정부처, 산업체, 교육문화기관에 이르기까지 '고문' 제도를 두어 민사행정 전반을 지도하고 자문했는데, 1948년 5월 소련과 북한 간에 체결된 각서에 따라 소련 교수들은 북한 대학의 '고문'으로 초빙되었다.

하지만 초기 북한 학계를 대표하던 남한 출신 학자들, 소련에서 온 학자들은 1957년 반종파투쟁이 본격화되면서 사상검열의 표적이 되었다.

당·군 간부 양성기관 설립

평양학원은 북한 군대를 창설하기 위한 예비단계로서 정치, 군사 간부를 양성하기 위해 설립된 학교이다. 1946년 1월 3일 평안남도 진남포에서 개교했고, 당시 평양학원이 내세우는 교육목표는 '목전 절

박하게 수요되는 북조선의 정당, 정치기관, 민중단체의 간부를 양성'하기 위한 것이었다. 교육반은 정치반과 군사반으로 편성되었는데, 이후 정치반은 '북조선공산당중앙당학교'로, 군사반은 '북조선중앙보안간부학교'로 된다.

평양학원 정치반은 1946년 6월 1일 평양시 사동구역으로 이전하여 북조선공산당중앙당학교가 되었다. 이 학교는 조선로동당 최고간부 양성기관으로 당시 교장은 김일성이었다. 이 학교의 학생은 각 도 인민위원회, 공산당 및 사회단체의 추천으로 입학자격이 주어졌고, 교과는 1만 5,550시간이었다. 1기 입학생들은 80여 명으로 2개월 과정이었고, 2기는 3개월반, 6개월반으로 나누어 운영하였다.

하지만 학교 교육과정 운영에 어려움이 생기자 북한 정권은 소련에 도움을 요청했다. 김일성은 교수진 및 조선어 교재에 대해 지원을 요청했고, 연해주군관구 군사회의는 50여 명의 소련계 한인들을 파견했다. 1946년 8월 5일 제1회 졸업생은 500여 명으로, 보안대 370명, 인민위원회 50명, 공산당 지도기관 20명, 철도운수부문 5명, 청년단체 10명이 각각 배치되고, 기타 인력은 학교에 남았다.

그 외 1945년 말부터 1946년 초에 전국의 모든 시·군에 당원강습소가 생겼고, 당학교도 설치되었다. 또한 도나 시보다 낮은 행정단위인 구역에서도 초급간부 양성기관들이 설치되었다.

북조선중앙보안간부학교는 1946년 7월 8일 임시인위의 결정에 따라 강서군 성암면 대안리 지역의 대안전기공작 합숙시설로 옮긴 평양학원 군사반과 보안간부훈련소가 통합되어 만들어졌다. 이 학교는 군 초급간부 양성기관으로 초기에 만주파 출신 30여 명과 평양학원 단기수료생 10여 명으로 조직되었다.

정치부교장은 김웅, 군사부교장은 최용진이었고 고문은 스베레주크 소좌였다. 학교의 정원은 500명이었고, 수업기한은 12개월이었으며, 수업은 7월 20일부터 시작되었다. 입학자격은 각급 인민위원회의 추천을 받은 30세 이하로 중등학교 1학년 수료 이상의 학력을 요구하였지만 예외의 경우도 허용되었다. 교과과정은 25군 정치부가 만들었고, 교원은 소련군사령부 인원에서 초빙하였다. 6·25전쟁기 인민군 중·하급장교의 대부분이 이 학교 출신이었다.

행정·경제 간부 양성기관 설립

북조선임시인민위원회는 1946년 6월 6일 간부 양성을 목적으로 「중앙정치간부학교 설치에 관한 결정서」를 채택했다. 그리고 인민정권기관과 공장, 기업소를 관리할 간부를 교육시키기 위해 1946년

7월 1일 중앙정치간부학교를 설립했다. 학생은 각 인민위원회, 정당, 사회단체의 지도자였고, 정원은 100명으로 수업은 3개월간 진행되었다.

여기서도 소련의 영향력이 작용했는데, 교과과정은 소연방 국방성 총정치국의 지시에 따라 25군 정치부가 작성했고, 군사회의가 승인해 7월 1일부터 교육이 시작되었다. 당시 강사에는 소련계 한인이 포함되어 있었고, 학교의 교무부장은 소련파 박영빈이었다.

1948년 당시 분야별 간부양성 교육기관을 보면 행정(중앙고급지도간부학교, 각 도 행정간부학교), 사법(북조선법률학원, 중앙사법간부양성소), 산업(중앙산업간부양성소, 각 도 고등기술원양성소), 교통운수(서평양철도기술학교, 중앙철도기술원양성소 등), 체신(중앙체신기술원양성소, 각 도 체신기술원양성소), 농림(중앙농림기술원양성소, 중앙축산기술원양성소 등), 보건(중앙보건기술원양성소 등), 교육(중앙교육간부양성소, 각 도 양성소), 상업(중앙상업간부양성소, 함흥상업간부양성소 등), 금융재정(중앙은행간부양성소) 분야 등이 다양하게 설립되어 북한의 행정, 경제 등 다양한 분야의 간부 양성작업을 진행했다.

6장
소련군의 철수와
피해 상황

소련군의 위장철수와 피해

소련군은 공식적으로 1948년 12월에 철수를 완료했다고 발표했다. 하지만 발표와는 다르게 소련 관계자들이 모두 철수한 것은 아니었다. 1949년 2월 원래 김일성이 요청했던 인원보다는 적었지만 총 236명의 군사고문이 북한에 남았다. 이들은 이후 6·25전쟁 준비 기간에 작전계획 등을 수립했다.

소련군 철수 시 이그나티예프(A. M. Игнатьев)는 소련계 한인들을 모아 놓고, 소련군이 철수한 후 북한에 남아서 북한의 국가기관, 당, 군을 위해 활동할 것인지 아니면 소련으로 귀국할 것인지의 여부를 물었다. 당시 대부분의 사람들은 북한에 남기로 결정했다.

소련군은 북한의 정권창설, 당·군 건설 및 경제적 지원 등 각 방면에서 북한에 도움을 주기도 했지만, 이들의 주둔 기간에는 많은 문제점이 발생했다.

소련군의 만행과 비행은 진주 초기에 특히 심각했다. 함흥과 신의주에서 일어난 반공학생운동의 배경에도 소련군의 만행이 일부 포함되어 있었다. 이와 같은 행동은 그들의 출신배경을 살펴보면 알수 있다. 제2차 세계대전 시기 소련군의 기본 주력은 유럽전선으로 이동했다. 따라서 극동전선에서의 병력보충은 용이하지 않았고, 부족한 인원을 채우기 위해 소련은 징집을 해야 했다. 당시 한반도에 온 소련군에는 소련 정부가 병력을 보충하기 위해 활용한 형무소의 잡범들이 포함되어 있었다.

소련군 병사는 북한에 남아 있던 일본인의 재산을 약탈하거나 폭행 관련 사건을 빈번히 일으켰다. 하지만 더 큰 문제는 소련군사령부가 진행한 광공업 생산물의 소련 반출이었다. 1946년 초부터 5월 1일까지 일본 기업이 종전까지 생산하여 저장하고 있던 광공업품과 새로운 생산품이 '전리품'이라는 명칭으로 소련으로 넘어갔다. 러시아 외무성 공문서관 자료에 따르면 이 시기 소련이 약탈해 간 물품은 2,050만 엔(1945년 8월 15일 기준 가격)에 상당하는 전리품 6,753톤과

1,410만 엔(1945년 8월 15일 기준 가격)에 상당하는 새로운 생산품 1,782톤, 페로텅스텐(ferrotungsten) 178톤, 형석 스파(fluorite spar) 1,568톤, 흑연 정광(graphite concentrate) 454톤, 전기 아연(electric zinc) 1,388톤 등이었다.

소련은 북한에서 다양한 원자재를 반출했는데, 대형 발전기와 알루미늄 제조기기는 본국에서 필요한 물품이었기 때문에 우선적으로 반출했고, 동시에 소련군사령부는 주둔하면서 필요한 물자, 즉 식량 등을 북한 주민들로부터 징발했다.

2부

6·25전쟁의
발발과
정전협정
체결

1장
김일성의 전쟁 준비

1949년 김일성의 전쟁 준비

김일성은 언제부터 전쟁을 준비한 것일까? 1948년 9월 10일 김일성은 새로운 정권의 정책 기조로 '조선민주주의인민공화국 정부의 정강' 8개를 발표했다. 그 첫 번째 내용은 "공화국 정부는 전체 조선 인민을 정부의 주위에 튼튼히 단결시켜 조국통일을 위한 투쟁에 동원할 것이며 국토완정과 민족통일의 선결조건으로 되는 소미 양국 군대의 동시 철거에 관한 소련 정부의 제의를 실현시키기 위하여 모든 힘을 다할 것입니다."였다. 그리고 1949년 신년사에서는 '국토의 완정'이라는 용어를 사용했다. 이러한 목표 하에 구체적으로 전쟁 준비를 실행에 옮긴 것은 1949년이었다.

1949년 2월 김일성은 북한대표단과 함께 45일간 소련을 방문했다. 당시 스탈린과의 회담은 전쟁 승인을 얻으려는 북한 최고 정책 결정자들이 동행하여 진행되었다. 북한대표단은 김일성, 부수상 겸 외상 박헌영, 부수상 홍명희, 국가계획위원회 위원장 정준택, 상업상 장시우, 교육상 백남운, 체신상 김정주 등 7명으로 구성되었다.

방문 기간 중인 3월 7일 김일성은 스탈린에게 남침 의지를 밝혔다. 이에 대해 스탈린은 만약 남한에서 먼저 전쟁을 시작한다면 북한이 그 전쟁에 동참하는 것은 동의하지만 북한이 먼저 시작하는 전쟁은 반대했다. 결국 김일성의 전쟁 의지는 꺾였지만 소련을 직접 방문한 김일성과 북한대표단은 전쟁 준비에 필요한 것들을 얻을 수 있었다. 이것이 바로 3월 17일 '소련방과 조선민주주의인민공화국 간의 물품거래 및 대금 결제에 관한(조선에 군사장비 및 기술물자는 제공, 쌀과 기타 한국물품과 교환한다는) 의정서' 체결이다. 이 의정서는 대북 군사원조를 기본으로 하고 있고 소련이 차관형식으로 군사무기, 장비를 제공한다는 내용을 담고 있었다. 결국 이 협정은 북한의 남침 준비를 위해 체결된 것이다. 그리고 김일성은 1949년 4월 28일 구체적으로 필요한 무기 목록을 소련 측에 보냈고, 이 무기들은 6월부터 북한에 반입되었다.

1950년 스탈린의 전쟁 승인

김일성이 다시 남침에 대한 의견을 제시한 것은 1950년 1월 17일 북한대사 이주연의 중국대사 취임식 연회자리였다. 김일성은 연회가 끝난 후 소련대사관 참사 이그나티예프 등과의 대화에서 중국의 국공내전이 종결된 상황에서 이제 한반도 문제의 해결이 필요하다고 언급했다. 1월 30일 김일성은 슈티코프(T. Ф. Штыков)에게 직접 스탈린을 만나고 싶다고 요청했고, 스탈린은 비공개 방문을 허락했다. 스탈린은 비공개 방문이 남한과 미국에 비밀을 유지하기 위한 것으로 현재 모스크바로 온 마오쩌둥(毛澤東)과 북한의 군사력과 방어능력을 증대시키기 위해 논의했다고 회신했다. 또한 김일성이 논의하고자 하는 문제가 다른 북한 지도자들이나 중국 지도자들에게도 알려져서는 안 된다는 것을 강조했다.

김일성은 3월 30일부터 4월 25일까지 모스크바에서 머물렀고 스탈린에게 전쟁 개시 승인을 받았다. 김일성이 돌아간 후 5월 4일 스탈린은 "조선동지들이 최근 우리를 방문했고, 회담 결과에 대해서는 조만간 알려주겠다."는 내용의 전문을 마오쩌둥에게 보냈다. 1년여 만에 스탈린의 생각이 바뀐 이유에 대해서는 학자들마다 다양한 의견이 있지만 정리해보면 다음과 같다. 첫째, 애치슨(D. G. Acheson)의

프레스센터 연설은 스탈린의 전쟁 승인에 영향을 미쳤다. 1950년 1월 12일 미 국무장관 애치슨은 전미국신문기자협회에서 '아시아에서의 위기'라는 제목의 연설을 했다. 이 연설을 '애치슨 선언'이라고 하는데, 그 내용은 태평양에서의 미국 방위선을 알류산 열도-일본-오키나와-필리핀을 연결하는 선으로 정한다는 것이었다. 즉 애치슨 라인에는 미국의 극동 방위선에서 한국, 타이완, 인도차이나 반도를 제외한다는 내용이었다. 이러한 애치슨 선언을 확인한 스탈린은 전쟁 개전을 허락했다.

둘째, 스탈린은 중국에서 공산주의가 승리함으로써 아시아의 상황이 바뀌었고, 이것이 한국의 공산주의 승리에도 영향을 미칠 것이라고 생각했다. 또한 전쟁이 끝난 중국이 북한을 군사적으로 지원할 수 있을 것으로도 예상했다.

마지막으로 스탈린은 소련이 1949년 8월에 핵실험에 성공함으로써 한반도 문제에 개입하려는 미국의 의지를 억제할 수 있다는 생각을 갖게 되었다.

스탈린은 김일성과의 회담을 마치고 그에게 중국으로 가서 마오쩌둥과 구체적인 내용을 논의하라고 지시했다. 소련에 체류하고 있을 당시 김일성은 슈티코프를 통해서 중국대사 리주연과 마오쩌둥, 저우언라이(周恩來)의 회담 내용을 전해 들었다. 리주연이 알려 준 내용은 그가 김일성과 마오쩌둥과의 면담 필요성에 대해서 언급했는데, 이에 대해 마오쩌둥도 동의했다고 한다. 그리고 마오쩌둥은 한반도의 통일은 평화로운 방법으로는 불가능하고, 전쟁을 통해서만 가능하다고 했다. 그리고 미국에 대해서는 두려워할 필요가 없는데, 이렇게 작은 영토를 위해서 미국이 제3차 세계대전을 일으키지는 않을 것이라고 했다.

김일성은 중국에게 지원을 요청할 생각이 없었으나 스탈린의 권고에 따라 5월 13일 박헌영과 함께 마오쩌둥을 방문했다. 당시 김일성은 마오쩌둥에게 스탈린이 전쟁 개전에 동의했다는 사실을 알렸으나 마오쩌둥은 이를 의심했고 모스크바에 확인을 요청하였다. 스탈린은 현재 국제정세가 변화하고 있으므로 조선의 통일과업 착수 제안에 동의했다는 답신을 보내면서 이에 대한 최종결정은 북한과 중국이 함께 결정해야 하며, 중국이 찬성하지 않을 경우에는 연기해야 한다고 덧붙였다.

결국 마오쩌둥도 북한의 전쟁 개전에 동의하며 "중국은 장차 선양(瀋陽) 지역에 하나의 부대를 배치시켜 만약 남한이 일본군을 끌어들여 군사행동을 할 경우 북한에게 필요한 원조를 제공해 줄 것"을 약속했다.

중국은 국공내전 시기 북한의 도움을 받았기 때문에 북한의 남침에 대해 지지할 수밖에 없는 상황이었다.

국공내전 시기 북한의 중국공산당 지원

잠시 북한이 국공내전 기간 중에 중공을 지원한 내용을 살펴보면 다음과 같다. 북한은 중국의 국공내전 기간 중에 중국공산당의 '배후지' '해방구'로서의 역할을 담당했다.

1945년 말 김일성은 직접 단둥으로 가서 그 지역 중공군 부대들이 신의주를 거쳐 린장(臨江)과 창바이(長白)지방으로 철수하도록 도왔다. 또한 1946년 초 김일성은 중공의 요청으로 각종 무기와 화약, 탄약, 의약품 등의 군사물자들을 중국으로 보냈고, 산둥성(山東省)에 있던 팔로군이 남포항을 거쳐 북만지역으로 이동하는 것에 동의했다.

1946년 초 국민당이 동북지역을 점령하자 중국공산당 중앙위원회는 국민당의 공격으로 끊어진 도로와 철길을 사용할 수 없으므로 그 대안으로 북한지역을 이용할 수 있는지의 여부를 북한 측에 문의했다. 즉 수륙수송통로를 개척하여 인원과 물자를 수송하고 교류를 진행할 수 있는 기구를 북한지역에 설치하고자 요청한 것이다.

이에 북한은 중공의 요청을 받아들였고, 이에 따라 중공은 대내적으로는 '조선주재 동북국판사처'라고 하며, 대외적으로는 '평양리민공사'라는 상설기관을 평양에 설치했다. 이 기관은 중공의 동북해방작전에서 필요한 물자수송과 인원수송을 담당했다. 판사처는 1946년 7월부터 1949년 2월까지 업무를 수행하였는데, 업무량이 늘어나자 북한의 교통 중심지인 남포(南浦), 신의주(新義州), 만포(滿浦), 라진(羅津)에 4개의 분판사처를 두고 그 이름을 각각 '평양리민공사 남포분공사' '평양리민공사 신의주분공사' '평양리민공사 만포분공사' '평양리민공사 라진분공사' 등으로 불렀다.

1946년 초 중국의 요청으로 북한은 10만여 정의 무기와 탄약을 중국에 보냈고, 국민당 군대가 창춘(長春), 선양을 점령하여 남만과 북만을 연결하는 통로가 막히자 남포와 신의주, 만포 등 주요 도시들을 중국공산당 팔로군의 전략적 통로로 이용하도록 했다. 또한 북한은 1948년 2월 동북지역의 중국공산당이 주둔한 지역을 지원하기 위하여 수풍발전소의 전기를 중국 안산(鞍山)변전소에 보냈다.

북한은 수천 명의 중공군 부상병, 그 가족 및 비전투 요원이 압록강을 넘어 북한지역으로 피신하는 것을 허용했고, 이에 중국공산당 전투부대는 북한에서 재편성될 수 있었다. 그리고 일본이 남긴 적지 않은 무기들을 중공군에게 넘겨주기도 했다.

2장
재(在)중국
조선인의 귀환

재(在)중국 조선인의 북한관(觀)

일반적으로 중국 동포를 조선족이라고 부르고 있다. 하지만 조선족
이라는 명칭이 사용된 것은 1955년 12월 18일 중화인민공화국 헌
법에 따라 '연변조선민족자치구'가 '연변조선족자치구'로 개칭되면
서부터이다. 이 글에서는 당시 중국에 있던 사람들을 조선인이라고
부르며 중국에 거주했다는 의미로 재중국 조선인이라고 쓴다.

일본의 패망으로 한반도가 해방된 후에도 중국지역에는 다수의
조선인들이 있었다. 이들 중 일부는 한반도를 떠나 이민지로 중국을
선택해 정착한 사람들도 있었고, 또 국내에 머물 수 없었기 때문에

중국에서 독립운동을 한 사람들도 있었다. 비록 이들은 중국에서 생활할 수밖에 없었지만 스스로를 조선인이라고 생각했다.

이들이 북한에 대해서 어떻게 생각했는지에 대해서는 다음의 사건을 통해서 알 수 있다. 1946년 1월 한반도에서 신탁통치가 실시될 것이라는 소식이 옌볜(延邊)에 전해지자 『연변민보(延邊民報)』에는 이 문제와 관련된 기사가 게재되었다. 그 내용은 신탁통치에 대해 3,000만 동포가 분노하고 있으며 "해외에 있는 우리들인들 어찌 조국의 독립을 위하여 가만히 있으며 또 어찌 가만히 있게 되랴."는 것이었다. 또한 1948년 10월 하얼빈에 거주하는 조선인들이 북한 정부 수립 경축대회를 개최하고, 축전을 보내기도 했다. 동년 11월에는 지린성(吉林省) 화뎬현(樺甸縣)에 거주하는 조선인들이 북한을 지지한다는 메시지를 김일성에게 보냈다.

재중국 조선인들의 1차 입북

일반적으로 재중국 조선인들의 1차 입북은 1945년 11월 초 무정이 지휘한 조선의용군이 선양에 도착한 후 전체가 입북하지는 못했고, 중국공산당의 지시에 따라 소수의 간부들만 입북하였고, 대부분은 동북지방에 머무르게 되었다고 알려져 있다. 하지만 이들이 입북한 조선인들의 전부는 아니었다.

우선 광범위하게 보았을 때 제1차 입북자들은 1945년 해방 직후부터 입북한 사람들이다. 이들에 대한 자료를 수집하고 인터뷰를 진행한 김중생은 『조선의용군의 밀입국과 6·25전쟁』에서 기존에 알려져 있는 것 외에도 추가적으로 1949년까지 입북한 사람들을 확인했다. 그의 연구에 따르면 1945년까지 입북한 사람들에는 김두봉, 최창익, 한빈, 무정, 허정숙 등과 1946년 개별적으로 간 사람들로 박일우, 김웅, 리상조 등 35명이 있다. 그 외에도 동북조선의용군 압록강지대 1,000여 명이 1946년 3월 초 압록강을 건너 신의주에 도착한 후 북한군에 배치되었다. 또한 훈춘보안단 2,000여 명과 조양천교도대대 1기생 500명이 입북하여 보안간부훈련소에 배치되었다. 그리고 동북조선의용군 독립대대원과 동북군정학교 길림분교 졸업생도 추가적으로 입북했다. 김중생은 결론적으로 이 기간 동안 입북한 총 병력이 5만 5,000~6만 명이라고 주장하고 있다. 하지만 이때 입북한 사람들은 그 시기가 다양해서 정확한 숫자를 파악하기는 어려운 상황이다.

재중국 조선인들의 2차 입북

두 번째 입북은 1949년 7월 북한의 공식적인 요청에 따라 이루어졌다. 1949년 4월 30일 김일성은 조선인민군 정치국장이자 중앙위원회 위원인 김일을 베이징으로 파견했다. 김일은 마오쩌둥과의 회담에서 중공군 예하에 소속된 조선인 사단을 입북시켜 달라고 요청했다. 이에 마오쩌둥은 3개 사단 중 무단과 창춘에 주둔한 2개 사단은 언제라도 보낼 수 있지만, 국민당군과 전투 중에 있는 1개 사단은 전투를 종결한 후 1개월 내에 보내주겠다고 했다.

흥미로운 사실은 당시 마오쩌둥이 한반도에서 전쟁이 발발할지도 모른다는 판단 하에 이전하는 부대들의 관리에 대해서 의견을 제시했다는 것이다. 마오쩌둥은 조선인 사단이 정규군이 아니며 군사적으로 약점이 있다고 말하면서 이 사단들을 지휘하려면 장교들의 훈련이 필요하다고 제안했다. 또한 국민당이 패배하여 중국공산당 주도하에 중국이 통일될 때까지 결정적인 행동을 유보해 달라고 요청했다. 이는 마오쩌둥이 한반도에서 전쟁이 개전될 것을 예측하면서 세심하게 준비할 것을 김일성에게 제시한 것이다.

마오쩌둥의 동의로 조선인 사단의 입북이 이루어졌다. 1949년 7월 동북군구 소속의 2개 사단이 입북했다. 중국인민해방군(中國人民

解放軍) 제166사의 총원 1만 320명은 선양에 주둔하고 있었는데 이들은 북한으로 들어가 조선인민군 제6사단이 되었다. 그리고 중국 인민해방군 제164사 소속의 1만 821명은 창춘에 주둔하고 있었는데, 이들도 입북 후 조선인민군 제5사단이 되었다.

김일성은 이들 2차 입북자들에게 조선인민군의 역할을 강조했다. 1949년 7월 29일 김일성은 조선인민군 제655군부대 장교회의에서 "동지들은 조선민족으로서 중국 인민을 지원하여 중국 인민의 해방전쟁에 참가하고 조국에 돌아왔다."고 연설했다. 그리고 시국을 설명하면서 "미국과 남한의 침략전쟁 도발이 노골화되고 있는 상황에서 인민군은 확고한 신념으로 무장하는 것이 가장 중요하다. 사상교양 사업을 강화하여 모든 군인들이 항일유격대원들처럼 정당한 혁명위업은 반드시 승리한다는 확고한 신념과 혁명정신을 가지고 자신의 혁명임무를 충실히 시행해 나가야 한다."고 발언했다.

앞에서 언급했듯이 이미 김일성은 1949년 2월 스탈린을 방문해 전쟁 개전에 대한 의사를 밝힌 적이 있기 때문에 이 시기의 입북은 김일성의 전쟁 준비를 위한 것이었다. 또한 소련군의 철수로 당시 북한의 치안상황 악화도 이들을 요청하게 된 계기 중 하나였다. 이 내용은 1949년 슈티코프가 스탈린에서 보낸 보고서에서 확인할 수 있다. 슈티코프는 당시 북한지역에서 정치적 범죄가 증가한 것이 한편으로는 소련군의 북한 철수로 '반동분자들'의 활동이 활발해졌고, 다른 한편으로는 남한이 북한으로 간첩, 교란분자, 폭동조직자들의 파견을 강화했기 때문이라고 지적했다.

재중국 조선인들의 3차 입북

1950년에 입북한 사람들은 재중국 조선인들 스스로 요청한 것이다. 1949년 12월 25일 중국인민해방군 제4야전군 사령관 린뱌오(林彪)는 중국인민해방군 내 조선인 병사가 1만 6,000여 명인데, 이들 중 일부가 조국으로의 귀환을 요구했다고 총참모장 녜룽전(聶榮臻)에게 보고했다. 이 내용은 다시 마오쩌둥에게 전달되었는데, 마오쩌둥은 이 내용을 스탈린에게 알렸다.

1950년 1월 8일 스탈린은 슈티코프에게 이 문제에 대해 김일성과 만나 북한의 입장을 확인하도록 지시했다. 당시 김일성은 이들이 입북하기를 희망하고 있었지만, 이 부대가 들어온 후 주둔할 지역이 없었기 때문에 중국에서 1950년 4월까지 잔류하기를 원했다. 이 문제를 해결하기 위해 1950년 1월 14일 김광협이 중국으로 파견되었다. 그는 중국 측 담당자인 니에룽전에게 현재 북한에는 여분의 무기가 없기 때문에 이들이 군대에 편입된다면 소련으로부터 다시 무기를 구입해야 하는 번거로움이 있어 이를 중국에서 해결해 달라고 요청했다. 결국 중국의 도움으로 1만 4,000여 명의 조선인 출신 군인들은 무장상태로 입북할 수 있었다.

이 시기에 재중국 조선인들의 입북은 중국인민해방군 내의 조선인 군인들이 북한으로 돌아가기를 원했던 것과 당시 국공내전이 종료된 상태에서 불만이 있는 조선인 군인들을 중국에 남겨두기보다는 조선으로 보내는 것이 낫다고 판단한 중국 정부의 의견이 일치해서 이루어졌다.

재중국 조선인들의 기타 입북

위에서 언급한 세 차례의 대규모 이동 외에도 군인 출신 조선인들이 입북했다. 1950년 4월 말 철도병단 제4지대가 항저우(杭州)를 출발해 스자좡(石家庄)을 거쳐 북한에 갔다. 그리고 우한(武漢)에 위치하던 제1군단 제3사단의 400여 명은 다른 부대의 철도병들과 합류하여 그 인원이 1,000여 명이 되자 6월 중순경 북한으로 출발했지만, 이들은 6·25전쟁이 개전된 후인 28일 평양에 도착했다. 중국인민해방군 제4야전군 제49군 야전병원의 여성 311명도 광시성(廣西省) 구이린(桂林)에서 정저우(鄭州)를 지나 4월 5일 입북했다.

그 외에 동북지역에 거주하던 민간인들도 북한행을 선택했는데, 1947년 8월 중앙동북국(中央東北局)의 지시에 따라 동북 군정학교 동만분교(東滿分校) 학생과 간부 100명이 이동했다. 그리고 1949년 11월 중순부터 중앙동북국과 지린성 정부의 지시에 따라 옌볜에서는 각 도시의 실업자와 토지가 없는 농민들을 동원하여 북한의 경제건설을 지원했다. 통계에는 옌볜에서 1,299가구, 4,522명의 노동자·농민이 11차례에 걸쳐 입북했다고 한다.

3장
6·25전쟁의 개전

전쟁 직전 북한 상황

북한은 전쟁 개전을 위한 준비 작업에 본격적으로 착수했다. 이는 1950년 4월 입북한 재중국 조선인들의 소속을 중국공산당에서 조선로동당으로 바꾸는 것이었다. 5월 17일 민족보위상 최용건과 총참모장 강건의 명의로 당 문건에 전당작업을 당일부터 시작해서 6월 5일까지 완료할 것을 지시했다. 또한 제7사단 제825군 문화부 부대장 김강은 5월 30일까지 이들의 전당사업을 통해 부대 내에서의 정확한 통계작성과 각 연대 및 독립대대가 당서기를 선출할 것을 지시했다. 5월 28일 지령에는 중국에서 가져온 물자들을 개인적으로 다루지 말고, 부대장 및 문화부 부대장의 참가 하에 처리할 것을 지시했다.

이와 같이 재중국 조선인들이 귀국해 조선인민군에 합류하여 6·25전쟁 개전 당일 보병 21개 연대 중 47퍼센트인 10개 연대는 중국에서 온 조선인들이었다.

1950년 6월 10일 제3사단장 김광협이 인민군 장교들에게 하달한 부대이동에 대한 지시문에는 "우리 인민군 병사들은 사단급 부대 전투경험을 쌓았다. 이번에 우리는 모든 전투상황을 동원하는 기동부대 작전을 수행하려고 한다. 이번 작전에서는 각급 단위부대는 물론 우리 병사들이 갖고 있는 모든 화기들을 총동원할 것이다. 과거에는 작전을 수행하는 데 있어서 지휘관들의 결점이 발견되기도 했다. 이번에는 모든 군관과 전사들이 작전을 성공적으로 수행하기 위하여 오래 걸릴지도 모른다. 그러나 이번 작전은 2주일이면 충분히 끝마칠 수 있다고 확신한다. 여러분은 무거운 짐을 지참할 필요가 없으며 오직 작전 기간 중 지도나 서류를 운반하는 데 필요한 가방만 준비하면 될 것이다."라고 되어 있었다.

한편 북한은 언론을 통해 남한의 도발 소식을 보도하면서 북한의 전쟁 준비에 대해서는 은폐했고, 다른 한편으로는 남한에 대한 평화통일 공세를 강화했다. 북한은 1950년 5월 초 남한의 도발을 연일

보도했는데, 이는 1월부터 4월까지는 없었던 일이었다. 그리고 평화 공세를 하면서 6월 16일에는 남한에서 원하는 조만식을 김삼룡, 이주하와 교환하자고 제의하기도 했다.

구체적인 작전 준비로 1950년 6월 16일 조선인민군 총참모부는 1개월을 기한으로 하는 3단계 계획안인 침공 작전을 모스크바에 보고했다. 이는 이전에 스탈린이 제안하였던 안으로 남한 영토인 38선 이남의 옹진반도와 그 주변에 한정된 국지전이었다. 즉 스탈린은 남한에 평화통일을 제안한 다음, 만일 남한이 거부하면 즉시 옹진반도를 점령하고 남한이 반격하면 바로 주변으로 전선의 폭을 넓혀 나간다는 안을 제시한 것이다. 하지만 김일성은 21일 총공격에 선행된 옹진반도에서의 국지전보다는 6월 25일 전 전선에서 전투를 개시하는 것이 좋다고 슈티코프에게 이야기했고, 스탈린은 당일 즉각적인 회답으로 이 계획에 동의했다.

전쟁 초기 상황

6월 25일 새벽 4시 북한은 전 전선에서 38선을 넘어 남침을 개시했다. 그리고 다음날 주민들과 조선로동당 당원 및 기타 단체에게 '모든 것을 전쟁 승리를 위해서'라는 방송연설을 했다. 같은 날 북한 최고인민회의 상임위원회는 '군사위원회 조직에 관하여'라는 정령을 채택하여 위원장 김일성, 부수상 겸 외무상 박헌영, 부수상 홍명희, 전선사령관 김책, 민족보위상 최용건, 내무상 박일우, 국가계획위원장 정준택 등 6명을 군사위원으로 선출했다. 그리고 동일 『로동신문』에는 "금 6월 25일 이른 새벽에 남조선 괴뢰정부의 소위 국방군들은 38선 전역에 걸쳐 38 이북지역으로 불의의 진공을 개시하였다."고 보도했다.

이후 즉각적으로 점령지역 관리작업에 착수했는데, 28일에는 서울시 임시인민위원회 위원장 리승엽이, 30일에는 북한의 경찰기관 종사자들이 서울에 도착했다. 7월 4일에는 토지개혁 실시가 발표되었고, 점령지역별로 인민위원회가 조직되어 선거가 실시되었다.

표면적으로는 전쟁 진행과 점령지역 통치가 순탄해 보였지만 북한은 어려움을 겪고 있었다. 전투작전이 시작되고 부대들이 진격하자 각 참모부 간에 통신이 두절되었다. 따라서 조선인민군 총참모부는 전쟁 당일 전투를 통제할 수 없었다. 서울을 점령한 후에도 북한정권은 독자적인 작전을 수행하지 못하고, 소련에게 군사고문단을 요청하였으며, 강건은 "군사고문 없이는 부대를 지휘할 수 없다."고 지적했다.

소련 고문단은 전쟁 초기 작전을 기획하고 진행한 것뿐만 아니라 이후에도 각 사단의 작전계획 준비와 북한 내의 조직개편에도 참여했다. 7월 3일 김일성과 박헌영은 슈티코프에게 군 지휘부 개편에 대해 조언을 부탁했고 소련 측의 제안으로 재편되었다. 고문단은 민간인 복장으로 근무했고, 부대 내에서는 특파원이라고 불렸다. 그리고 이들의 부대 밖 외출은 금지되었다.

전쟁 초기 북한은 소련에서 무기 보급, 고문단 배치 등의 직접적인 도움을 요청하였지만, 중국에게는 개전 날짜도 알려주지 않았다. 이것은 북한이 중국의 도움 없이도 전쟁이 원활하게 치러질 것이라고 예상했기 때문이다. 하지만 전쟁이 진행되면서 이러한 생각이 바뀌었다. 당시 북한지역은 미 공군의 폭격으로 철도 분기점과 역사(驛舍), 공항, 공장과 항구 등이 피폐화되었다. 7월 5일 김두봉은 김일성에게 소련이 미국의 폭격에 대해 어떻게 대응할 것인지를 문의했고, 박헌영 역시 소련 항공대의 필요성과 함께 중국군의 파병 지원 문제를 제기했다.

이에 스탈린은 중국에게 북한에 대표를 파견해 줄 것을 요청했고, 항공장비와 무기, 탄약 등을 수송하기 위해 중국 측 철도 수송수단을 이용할 수 있는지의 여부도 문의하였다. 이에 대해 중국 측도 북한이 전쟁에서 필요한 것은 어떤 것이라도 도울 준비가 되어 있다고 김일성에게 알렸다.

공산 측의 인천상륙작전 사전 인지설

북한이 중국에게 도움을 요청할지를 고민하고 있는 상황에서 1950
년 9월 15일 유엔군의 인천상륙작전이 성공했다. 공산 측의 인천상
륙작전 사전 인지설에 대한 논의를 살펴보면 다음과 같다. 1950년
8월 말 북한, 중국, 소련은 모두 유엔군이 후방지역으로 상륙작전을
실시할 것이라고 예상하고 있었다.

　중국 측 자료에 따르면 중국 정부는 7~9월 사이 3번에 걸쳐 북한
에게 미군의 상륙작전에 대해서 언급했다. 마오쩌둥은 "7월 중순과
하순, 그리고 9월 중순 세 차례에 걸쳐 북한에게 적들이 해상으로부
터 인천과 서울로 쳐들어와 인민군의 뒷길을 끊어 놓을 위험이 있으
므로 인민군은 이에 대한 충분한 준비를 해야 하며 적절히 북쪽으로
철수하여 주력을 보존하고 장기전에서 승리할 준비를 해야 한다."고
충고했다.

　또한 8월 말 김일성은 슈티코프와의 대담을 요청하는 전화통화에
서 인천과 수원에 미국이 해병대를 상륙하려 하고 있으며 이 지역에

대한 방어를 위해 조치를 취하고 있다고 언급했다. 하지만 북한이 유엔군의 상륙작전을 예측하고도 방어하지 못했던 것은 당시 낙동강 지역에 총력을 기울이고 있어 군사역량이 부족했기 때문이다.

이 부분은 1957년 간행된 『조국해방전쟁의 승리를 위한 조선 인민의 투쟁』이라는 책에서 확인할 수 있다. 그 내용은 북한군 자체의 역량이 부족해 유엔군의 인천상륙작전을 방어하지 못했다는 것이다. 하지만 1990년대가 되면 전쟁 패전의 책임이 이 글에서 다루는 종파주의자들에게 떠넘겨진다. 『조국해방전쟁사』 2(1993)에서는 김일성이 1950년 7월 경기도 방어지역 군사위원회를 조직하여 서울·인천지역의 해안방어를 강화하도록 지시하였지만, 이 지시를 무시한 경기도 방어지역군사위원회 책임자인 리승엽과 '반당반혁명종파분자'들이 어떠한 조치도 취하지 않았다고 되어 있다. 특히 당시 군단장인 김웅이 낙동강 전선으로부터 인천으로 주력부대를 이동하라는 명령을 듣지 않아 어려움을 겪었다고 한다. 김웅은 조선의용군에서 활동했던 연안파 출신으로 8월 종파사건 당시 숙청된 인물이다.

이 과정을 살펴보면 북한은 중국 및 소련 측의 예측으로 이미 유엔군이 상륙작전을 펼칠 것을 알고 있었으나, 당시 상황 상 전력의 이동이 불가능했기 때문에 대응을 하지 못한 것이었다. 하지만 1950년대와는 다르게 1990년대 이 사건에 대한 내용의 기술이 다른 것은 북한이 김일성 1인 체제 구축 후 역사적 사실을 개작했기 때문이다.

중공군 참전 요청에 대한 북한 지도부의 갈등

인천상륙작전 이후 북한 지도부 내부에서는 본격적으로 중국에 대해 지원을 요청하자는 의견이 대두되었다. 9월 20일 김일성과 박헌영은 북한 주재 소련대사 슈티코프를 방문해 중국이 참전할 수 있는지의 여부를 확인했다. 하지만 당시 박헌영은 만일 중공군 부대가 입북한다면 전황이 달라질 것으로 전망하고 있었다. 다음날 허가이가 다시 슈티코프를 방문했다. 허가이는 김일성이 만약 중국이 참전한다면 전쟁이 제3차 세계대전으로 확대되지 않을까 걱정하고 있다고 알렸다. 또한 김일성은 중국은 UN에 가입하지 않았기 때문에 명목상 전쟁에 참전할 수 없으므로 당분간 중국에 도움을 요청하기보다는 우선 북한이 중국에게 지원을 요청하는 것이 어떤지에 대한 의견을 스탈린에게 문의하겠다고 했다.

　이 과정에서 확인할 수 있는 것은 북한은 전쟁 준비과정에서뿐만 아니라 전쟁이 시작된 후에도 직접적으로 중국에게 도움을 요청하지 않고 소련에게만 의존했다는 사실이다.

소련의 철수계획

인천상륙작전 다음날 스탈린은 마오쩌둥에게 현재의 중공군의 배치와 북한을 돕기 위해 군대를 파견할 수 있는지를 문의했고, 또한 김일성이 북동쪽에 망명정부를 세운다면 이를 허락할 것인지의 여부도 확인했다. 여기서 전쟁이 악화되는 상황에서도 직접 참전은 고려하지 않고 중국에게 참전하라고 독려한 소련의 입장을 확인할 수 있다. 그 후 소련은 북한에 있던 소련 관계자들의 소환작업을 준비했다.

그리고 10월 2일경부터 소련 전문가들의 철수계획을 전달하였다. 그것은 "철수작업은 중무기를 버리고 야밤에 적이 점령하지 않은 지역을 통해 진행하고, 특히 지휘관들을 북쪽으로 철수시키는 것부터 시작해야 한다. 남쪽에 남아 있는 부대들은 단체로든 개별적이든 우선적으로 지휘관부터 북쪽으로 철수하라."는 내용이었다.

그것을 실행에 옮기기 직전 10월 14일 마오쩌둥으로부터 온 중공군 참전 소식에 스탈린은 소련 관계자들의 철수작업을 연기했다. 그리고 김일성에게 이들이 북한지역을 떠나는 것을 연기한다는 전문을 보냈다.

4장
중국의 6·25전쟁 반응과 참전

6·25전쟁에 대한 중국의 입장

이미 전쟁 준비 단계에서 중국은 북한을 도울 의사가 있음을 타진했었다. 하지만 북한은 전쟁 개시일도 중국에게 알려주지 않았고 어떤 도움도 요청하지 않았다. 중국이 6·25전쟁 소식을 듣게 된 것은 전쟁 발발 후 3일째 되는 날, 북한의 영관급 장교의 연락을 통해서였다.

당시 중국은 한반도에서 일어난 전쟁에 대한 우려보다는 6월 27일 미 제7함대가 타이완 해협에 진주한 것에 더 주목했다. 중국은 미국의 이러한 태도가 6·25전쟁을 확대하고, 타이완과 한반도 그리고 월남, 필리핀 등을 침략하여 아시아 전역을 간섭하려는 태도라고 비판했다. 그리고 중국 정부는 7월 동북지역에 동북변방군(東北邊防軍)을 조직하여 동북변방을 보위하고 필요하다면 북한 주민을 지원하는 내용을 결정했다. 당시 이들의 총 인원은 25만여 명이었고, 2,000여 명에 달하는 조선인들이 통역원이자 연락요원으로 동북변방군에 배치되었다.

중국 정부는 8월 11일경 1951년에 타이완을 공격하기로 한 계획을 보류하기로 결정했다. 중국은 소련에 방공(防空)전문가들을 보내달라고 요청했고, 이에 중국인민해방군 부대를 엄호하고 조종사들을 교육하기 위해 소련 제51비행전투사단이 만주로 파견되었다.

인천상륙작전 이후 중국은 참전에 대해 구체적으로 고려하기 시작했다. 1950년 9월 30일 중국이 발표한 외교정책에는 다음과 같은 내용이 있었다. "중국은 이미 17개 국가와 정식 외교관계를 수립했고, 현재의 한반도 상황은 위태롭다. 미국은 한반도의 상황을 핑계로 타이완에 해군과 공군을 파견하고, 중국 영토인 랴오닝성 상공에 공군을 보냈는데, 이것은 미국이 중국의 제일 위험한 적이라는 사실을 증명하는 것이며, 따라서 중국은 미국의 손에서 타이완과 기타 영토를 해방할 것"이라는 것이다. 이 발표는 곧 중국의 적은 미국이며 미국과 전쟁을 할 수도 있다는 내용이었다.

중국에 대한 북한의 지원 요청

중국에게 참전할 것을 요청할지 말지에 대한 소련 정부의 답변을 기다리던 김일성은 결국 9월 말 직접 중국에 도움을 요청하기로 결정했다. 김일성은 내무상 박일우를 파견하여 동북변방군 사령관을 만나도록 지시했다. 10월 1일 국군이 평양에 도착하자 상황이 긴급해졌다. 여기서 잠시 10월 1일 날짜의 의미에 대해 살펴보자. 이 날짜는 1950년 10월 1일 국군 제3사단 제23연대가 처음 38선을 돌파한 날이다. 또한 10월 1일 한국 공군이 창설되면서 육·해·공군 3군 체제를 완성한 날로서도 기념이 있는 날이다. 현재 10월 1일이 국군의 날로 지정된 이유는 이러한 사건에서 유래한다.

다시 전쟁상황으로 돌아가 보면 10월 1일 스탈린은 마오쩌둥에게 5~6개 사단이라도 좋으니 중국군을 파견해 달라고 요청했다. 하지만 여기서 마오쩌둥은 몇 개 사단만으로 전쟁에 참전하는 것은 어려우며, 잠시 출병을 미뤄 역량을 강화해 참전할 시기를 찾는 것이 유리하다고 답신했다. 이는 중국의 입장이 바뀐 것으로 보였지만 중국 내부에서도 참전에 대한 논의가 진행되고 있었다.

중국의 참전 결정

마오쩌둥은 초기에 김일성에게 참전 가능성에 대해서 이야기했지만, 이를 재고하게 된 이유는 몇 가지가 있다. 우선 1949년 10월 1일 중화인민공화국이 수립된 후 중국의 최종 목표는 타이완 해방과 함께 경제안정이었다. 1950년 6월 6일부터 9일까지 베이징에서 개최된 제7기 제3차 중앙위원회 전체회의에서는 3년 내에 중국 경제상황을 호전시키는 것이 목표로 계획되었다. 또한 내부적으로는 반공을 주장하는 세력이 100만 명이나 있었고, 또 타이완으로 이동한 국민당 정부도 계속해서 중국 대륙의 회복을 언급했다.

1950년 10월 4일 마오쩌둥은 중국공산당 중앙정치국 회의를 주재하고 북한에 군사원조에 대해 토의했는데, 논의 끝에 다음날 참전을 결정했다. 10월 8일 중국공산당 중앙정치국은 공식적으로 참전 결정을 발표하면서, 동북변방군을 중국인민지원군(中國人民志願軍)으로 개칭하고 그 소속군은 준비를 완료하고 출동명령을 기다리라고 지시했다. 이 군대의 공식적인 명칭은 중국인민지원군이지만, 이들은 중국인민해방군을 기본으로 징발을 통해 모집한 군대였다. 이 글에서는 이들이 중국공산당의 명령을 받고 조직되었다는 것에 근거해 중공군이라는 명칭을 사용한다.

그리고 1950년 10월 19일 '항미원조 보가위국(抗美援朝 保家爲國)'의 기치를 내걸고 중공군이 압록강을 도하했다.

5장

전쟁기 북·중 갈등, 휴전회담의 시작과 정전협정 체결

군사 지휘권 문제를 둘러싼 북·중 갈등

중공군이 참전하자 가장 기본적인 문제가 제기되었다. 이는 북한과 중국이 공동으로 전투를 수행하는 데 있어서 통일적인 지휘체계가 갖추어지지 않았기 때문에 생긴 일이었다. 스탈린은 1950년 10월 1일 중국군의 파병을 권유하는 전문에서 중공군은 본국의 지휘관이 지휘해야 한다는 입장을 밝힌 바 있다. 하지만 북한의 입장은 달랐다. 김일성의 지시를 받은 박일우는 선양에서 펑더화이(彭德懷), 가오강(高崗)과 함께 중공군의 입북작전에 관해 논의했다. 이날 박일우는 중공군 지휘본부의 위치문제를 제기했는데, 북한은 김일성이 덕주에 있기 때문에 같은 곳에 중공군 지휘부를 설치하는 것이 좋겠다는 의견을 제시했다. 북한 측은 중공군이 입북한다면 당연히 북한 지도부의 지휘를 받게 될 것이라고 생각한 것이다.

하지만 이것은 중공군의 작전통수권과 직결되는 문제로 지휘본부의 위치는 중요한 사안이었다. 10월 14일 저우언라이는 스탈린에게 중공군이 입북해 전투를 진행할 때 북한군과의 합동작전이 필요할 경우에는 쌍방의 지휘관계를 어떻게 해야 할지를 문의했다. 하지만 스탈린은 이에 대한 답변을 회피했고, 어떤 결정도 나지 않은 상황에서 10월 21일 김일성과 펑더화이는 대유동(大楡洞)에서 만났다. 하지만 두 지도자는 이에 대한 언급을 피했고, 결국 아무런 논의 없이 전쟁이 시작되었다.

전투가 개시되자 문제점이 드러났다. 예를 들어 10월 인천상륙작전의 성공으로 한국군과 유엔군이 평양에 진입하자 북한군과 주민들은 후퇴하기 시작했다. 하지만 북한군은 중공군과의 연락체계가 갖추어져 있지 않았기 때문에 중공군의 도로를 봉쇄하였고, 이로써 중공군의 작전이 방해를 받은 것이다. 또한 1950년 11월 중공군이 미군을 포위 공격하는 과정에서 북한군의 오인으로 도리어 중공군을 공격하는 사건이 발생했다. 이러한 상황이 반복되자 결국 김일성은 이 문제를 해결하기 위해 12월 3일 베이징을 방문하여 마오쩌

등을 비롯한 중국 인사들과 회담했다. 회담 내용은 전쟁문제, 지휘권의 통일문제, 군대문제 등이었다. 그리고 회담 결과 연합사령부를 조직하기로 결정하고 사령부의 사령원 겸 정치위원은 펑더화이, 부사령원은 김웅, 부정치위원은 박일우로 결정했다. 그리고 12월 7일 김일성과 펑더화이는 연합사령부 설치에 최종 합의하였고 북한군과 중공군의 연합사령부가 12월 상순 정식으로 조직되었다. 그리고 간략하게 연사(聯司)라고 불렀다.

철도관리 주도권을 둘러싼 북·중 갈등

북한군과 중공군이 남하하게 되자 전선이 이동하면서 보급선이 점차 길어졌다. 중공군은 입북 후 자국의 철도병들을 파병해 철도 보수를 담당하고 있었다. 철도의 중요성이 부각된 것은 전선에 물자공급과 부상병들의 신속한 이동이 필요했기 때문이다. 철도에 관한 문제는 12월 3일 김일성이 연합사령부의 조직을 위해 베이징을 방문했을 때 제기되었다.

그리고 회의에서 논의된 결과 중국은 12월 말에 동북군구철도운수사령부(東北軍區鐵道運輸司令部)를 설립하여 전선을 지원하고 철로 수리 임무를 담당했고, 북한은 조선철도군사관리국(朝鮮鐵道軍事管理局)을 임시로 설립하여 중국과 공동으로 관리하였다. 철도군사관리국이 설립되어 쌍방이 공동으로 관리했지만, 시급한 사안에 대한 결정과정에서 공동 관리의 문제점이 나타났다. 그리고 운송 시 군사물자를 우선적으로 할지, 민용 및 경제건설물자를 위주로 할지 등에 대해서도 양측의 의견이 달랐다. 결국 어느 한쪽이 운수사령부의 지휘권을 갖고 일관된 정책을 펼쳐야 하는 상황이 된 것이다.

당시 북한의 철도와 기관차 다수가 파괴된 상태에서 중국은 철도차량을 본국에서 가져다 사용하고 있었다. 또한 철도의 수리, 물자수송부대의 인력 등이 모두 중국인이었다. 북한은 이 사안에 대해서 철도운수의 관리권한은 국가의 주권문제이기 때문에 반드시 북한에서 지휘해야 한다고 주장하고 있었다. 결국 이 문제의 해결도 스탈린의 의견이 채택되었다. 그는 전쟁물자의 전선 수송계획은 정확해야 하므로 북한의 철도는 중국사령부에서 관리하는 것이 좋겠다는 의견을 제시했다. 그리고 이 제안에 따라 1951년 5월 4일 북한과 중국은 '조선철로의 전시 철로관리제도에 관한 협의(關於朝鮮鐵路戰時軍事管制的協議)'를 체결하고 관리체제, 수송방법 등에 대한 규정을 만들었다.

휴전회담의 시작

전쟁이 시작된 지 1년이 되어 갈 무렵 국제여론에 변화가 생겼고, 북한과 중국 내부에서도 전쟁에 대해 무기력해지기 시작했다. 1951년 5월 31일 미국의 전 소련대사 케난(G. F. Kennan)은 유엔주재 소련대사 말리크(Я. А. Малик)와의 회담에서 유엔 또는 다른 방식을 통해서 중국과 6·25전쟁의 종전에 대해서 논의하자고 요청했다. 당시 미국 의회와 시민들은 전쟁이 지연되면서 5월까지의 미군 피해자가 6만 명을 넘었기 때문에 한반도 전쟁에 대해서 걱정하고 있다는 것이었다. 6월 5일 이들의 두 번째 회담에서 말리크는 소련은 참전국이 아니기 때문에 미국이 직접 북한과 중국에게 정전에 대해서 논의하라고 권유했다.

하지만 예상과 달리 6월 23일 말리크가 유엔에서 교전국가들 간의 휴전교섭을 제안했는데, 이는 북한, 중국의 합의에 따른 것이었다. 이런 합의가 나온 배경을 살펴보면 다음과 같다. 북한은 전쟁이 확대될수록 피해의 규모가 커져 전쟁 중에도 복구작업을 진행하고 있었다. 그리고 중국도 전쟁이 계속되는 것에 대해 문제를 제기했다. 중국 지도자들은 이제 한반도를 통일하겠다는 전쟁 목표가 가능성이 없는 것이라고 판단하면서 그들 중에는 38선에서라도 전쟁을 중단하자는 의견이 제시되었다. 이와 같은 당시 상황에서 김일성과 가오강은 6월 10일 모스크바를 방문해 13일 스탈린과 회담했다. 하지만 당시 스탈린은 다른 생각을 가지고 있었다. 스탈린은 이 전쟁으로 세계 여론에서 미국의 위신이 추락했다고 판단했다. 따라서 이 전쟁은 공산 측에 유리한 전쟁이고 전쟁을 포기할 생각이 없었다. 그러나 김일성과 가오강이 북한과 중국의 어려운 상황을 설명하자 스탈린은 정전논의에 대해서 허락했다. 이에 6월 23일 말리크가 정전교섭을 제안하게 된 것이다.

북한과 중국 측은 휴전회담 과정도 소련에서 주도해 줄 것을 요청했지만, 스탈린은 이 문제에 대해서는 북한과 중국이 공동으로 책임져야 한다고 지적했다. 6월 30일 미국에서 평화회담에 대한 성명서가 도착하자 김일성과 펑더화이가 유엔군 사령관 리지웨이(M. B. Ridgway)에게 군사행동을 정지하고 평화회담을 진행하는 것에 동의한다는 회신을 보냈다. 하지만 양국의 공동책임으로 협상을 결정하라는 스탈린은 정전회담을 논의할 때 답변서의 서명자는 김일성과 펑더화이의 명의로 할 것을 지시하면서도 총 지휘권은 마오쩌둥에게 위임했다. 결국 휴전회담에 대한 구체적인 지시는 베이징에 있는 마오쩌둥으로부터 나왔다. 마오쩌둥은 휴전회담 장소로 사용할 건물이 없으므로 천막을 준비하고 장비 등을 챙기는 등 구체적인 내용들을 지시했다.

휴전회담 제1차 본회담이 1951년 7월 10일부터 시작되어 논의할 의제가 결정되었다. 그리고 7월 27일부터 휴전회담 의제 제2항인 군사분계선 문제가 논의되었다.

휴전회담 시작 당시의 북한 상황

휴전회담이 시작된 후 당시 북한의 상황을 알 수 있는 자료는 1951년 9월 10일 소련 군사고문단장 라주바예프(B. H. Разуваев)가 모스크바에 보낸 보고서이다. 그 내용을 살펴보면 다음과 같다. 휴전회담을 시작할 당시 북한사회의 분위기는 두 부류였다. 첫째는 북한지역의 피폐화된 모습으로 인해 전쟁에 대한 혐오감이 발생해 전쟁의 중지를 희망하는 사람들이 있고, 또 한 부류는 정전이란 것이 전쟁을 통한 한반도 통일이 좌절된 것으로 생각하는 사람들도 있었다. 특히 북한 지도자들은 이제 전쟁은 끝났고, 한반도 통일은 불가능한 것이기 때문에 전쟁 전의 상태로 돌아가는 것에 동의하고 있었다.

결과적으로 전쟁을 끝내야 한다는 의견에 모두들 동의한 것이었지만, 정전협정을 주도하고 있는 북한과 중국은 다른 입장이었다.

김일성과 다른 북한의 지도자들은 정전협정을 체결하는 것이 군사적, 정치적으로 필요하다는 것은 인식하고 있었지만, 그들은 이 과정에서 북한의 위신을 추락시키지 않고, 명예를 훼손시키지 않는 방향에서 진행되어야 한다고 생각했다. 하지만 중국은 정전협정을 체결하기만 한다면, 미국에게 양보할 수 있다는 입장이었다. 이러한 차이는 초기 휴전회담을 지연시켰다.

입장의 차이와 전쟁 주도권이 어느 쪽에 있느냐의 문제는 여러 사건에서 나타났는데, 예를 들어 7월 12일 외국 기자의 개성 방문문제가 발생했을 때 김일성은 유엔군 측 대표에게 보내는 답변을 기안했지만, 중국은 김일성의 의사를 묻지도 않고 중국 측이 일방적으로 답변을 통보했다. 또한 휴전회담 의제 제2항인 군사분계선 문제에 대해서 마오쩌둥은 미국이 현재의 전선으로 분계선을 결정한다면 양보할 수 있다는 의견을 제시한 데 비해 김일성은 유엔군 점령지역이 경제와 전략 면에서 중요한 지역이기 때문에 양보할 수 없다고 회신했다. 이것은 회담 초기부터 북한과 중국 사이에 간극이 벌어졌음을 보여 주는 사건들이었다.

휴전회담 의제 제4항 포로문제를
둘러싼 북·중 갈등

휴전회담 의제 제4항 포로송환 문제는 1951년 12월 11일부터 논의되었다. 하지만 이 문제에 대한 북한과 중국의 입장 차이로 회담이 지연되었다. 12월 11일부터 논의된 포로문제는 유엔군 측과 공산군 측의 논의 사항 선정 등 초기부터 갈등이 있었지만 결국 12월 18일 포로 명부가 교환되었다. 당시 포로 명부에는 유엔군 측이 제시한 인원이 13만 2,474명, 공산군 측이 1만 1,559명이었다.

이 결과를 보고 양측은 서로 예상했던 숫자보다 적은 숫자에 이의를 제기했고, 교환 방법에서도 '자유송환원칙' '1:1 교환원칙' 등이 제기되었으나 결론은 나지 않았다. 결국 1952년 4월 3일 포로들을 재분류하여 쌍방에 송환될 최종적인 포로 수를 확인하자고 결론이 났다. 하지만 포로들의 숫자와 함께 본국으로 송환을 희망하는 사람들의 숫자가 발표되자 문제는 더욱 확산되었다. 1952년 4월 포로들을 재분류해 발표한 숫자는 공산군 측 포로 13만 2,474명 중에서 7,000명만 송환을 원한다는 것이었다. 특히 중공군은 명부에 있던 2만 700명의 포로 중 단지 5,100명만 고향으로 가기를 원한다고 발표된 것에 이 숫자가 오류이며 조작된 것이라고 주장했다.

휴전회담 의제 중 포로문제에서 회담이 지연된 것은 중국의 입장 때문이었다. 중국은 송환을 원한 포로들의 숫자 자체가 문제가 아니었다. 다만 새로운 정부를 수립한 중국으로의 자원 송환자가 적을 경우 타이완과 대립하고 있는 상황에서 자국의 정통성이 약화될 것이라고 판단한 것이다.

1951년 중반 휴전협상의 초기 단계에서는 정전협정 체결을 빠르게 진행하려는 마오쩌둥에 대해 김일성이 불만을 갖고 있었다. 하지만 포로문제가 논의되기 시작하자 반대의 입장이 되었다. 1952년 중반 이후 김일성은 스탈린에게 전쟁의 지연으로 북한이 어려움을 겪고 있다는 사실을 강조했다. 김일성은 회담 시작 후 1년 동안 북한은 인적, 물적 피해를 입었고 미 공군의 타격으로 북한의 모든 발전소가 가동이 중단되어 경제적으로 어려움을 겪고 있다고 알렸다. 하지만 스탈린은 전쟁에 대한 주도권을 마오쩌둥에게 넘겼기 때문에 특별한 대응을 하지 않았다.

회담이 지연되면서 공산군 측의 체제에도 변화가 생겼다. 1953년 초 펑더화이가 지휘하는 중국군 지휘부가 베이징으로 이전했고, 그 산하에 있던 소련군사고문단도 소환되어 돌아갔다. 또한 양국 간의 좋지 않은 감정으로 인해 1953년 2월 김일성은 중조연합사령부와 같이 있던 연안파 박일우를 소환하고 그 자리에 최용건을 임명했다.

이는 당시 북한의 중국에 대한 감정을 보여 준다.

이를 보여 주는 자료로 1966년 8월 9일 소련 외교부에서 작성한 6·25전쟁에 관한 보고서에는 중공군의 주둔 기간 중에 이들이 북한의 내정에 간섭하는 사건이 많았다고 지적되어 있다. 특히 박일우는 북한군 수석대표지만 중국인민지원군 사령부에서 머물렀는데, 김일성은 그가 흡사 마오쩌둥의 대표인 것처럼 처신하고, 조선로동당의 지도 권위를 훼손했다고 비난했다.

박일우는 옌안에 있을 때부터 팔로군 부총사령관이던 펑더화이와 친밀했다. 중국공산당 내 조선인 중 인지도가 있었던 사람은 박일우였다. 1945년 해방 전 개최된 중국공산당 제7차 대회에 조선 공산주의자 대표로 참가한 사람은 박일우, 김두봉, 최창익이었고, 그 대회의 발언자는 박일우였기 때문이다.

양국의 갈등이 극에 달하던 1953년 3월 5일 스탈린이 사망했다. 그의 죽음은 한반도에 새로운 국면을 만들었다. 소련은 긴급각료회의를 소집해서 6·25전쟁에 대한 입장을 변경했고, 이 소식을 북한과 중국에게 통보했다. 소련의 이러한 태도에 대해 가장 기뻐한 사람은 김일성이었다. 그리고 1953년 7월 27일 정전협정이 체결되었다. 정전협정 체결은 유엔군 대표 미국의 해리슨(William K. Harrison, Jr.) 장군, 북한·중국을 대표해서 남일이 서명했다. 그리고 회담에는 참석하지 않았지만 클라크(M. K. Clark) 장군, 김일성, 펑더화이가 협정문에 서명했다.

약 3년간에 걸쳐 진행된 이 전쟁은 어떤 결과를 가져왔는가. 북한 중앙통계국 자료에 의거해 평양에 있던 2등 서기관 페트로프(П. М. Петров)가 1954년 3월 작성한 「1950~1953년 조선민주주의인민공화국 인민경제의 총 손실 규모」에 따르면 전쟁 기간 동안 북한의 물질적 피해는 4,201억 2,800만 원이었다(1953년 4월 30일 기준 시장가격 환산). 그리고 이 부분은 국가부문의 손실, 개인부문의 손실 등으로 이 수치에는 공업과 농업생산 측면 그리고 노동력 상실 및 군 징집으로 인한 피해, 기업의 소개와 재소개로 인한 비용, 파괴된 군시설의 피해 등 다른 비용은 포함되지 않은 것이었다.

결과적으로 북한은 한반도 통일이라는 목표 하에 전쟁을 도발했지만, 전후 엄청난 손해를 입었고 정전협정 체결 후에는 전후복구에만 집중할 수밖에 없는 상황이 되었다.

6장
전쟁 중 중국, 소련의
북한 지원

중국의 북한 지원

중공군이 참전하자 전쟁에 새로운 국면이 시작되었다. 이에 북한
은 중국과의 협의를 통해 동북지역에 북한군 9개 보병사단을 동북
지역에서 별도의 훈련을 받도록 했다. 당시 완거우(灣溝)지구에 도착
한 3개 보병사단(제67, 68, 69사단)은 총 3만 5,000명이었다. 또한 허룽
(和龍)지구에는 2만 9,000명, 그리고 1950년 11월 옌지(延吉)지구에
3개 보병사단과 특수부대 5,000명이 집결했고, 퉁화(通化)지구에는
5,000명을 수용하는 보병학교와 1,500명을 수용하는 정치학교가 있
었다. 그리고 왕칭(汪淸)지구에는 1,500명의 전차훈련단이, 옌지지

구에는 2,600명의 항공학교가 있었다. 이 부대들의 훈련 업무를 지휘하기 위하여 민족보위상 최용건을 중심으로 하는 지휘부가 만들어졌다.

중국공산당은 자국에서 '항미원조 보가위국' 운동을 활발하게 진행했다. '항미원조 보가위국'의 뜻은 미국에 대항해 북한을 도움으로써 가정과 나라를 지킨다는 의미이다. 이 운동을 포함해 중국의 북한 지원은 세 가지 방법으로 전개되었다. 첫째, 전쟁에 참여할 지원자 모집, 둘째, 지원 헌금 및 물자 헌납, 그리고 마지막으로는 위문단 구성이다.

우선 지원자 모집을 살펴보자. 중국의 『인민일보(人民日報)』에는 북한에 파병되는 지원자들에 대한 기사가 자주 언급되었는데, 의료계 종사자들이 항미원조지원 의료단을 결성해 파병되었다는 내용, 또는 중국인들이 인민일보사에 편지를 보내 전쟁에 참가하고 싶다는 의사를 표시했다는 내용들이 실렸다. 그리고 그 결과 1951년 11월 11일에 상하이시 시정부, 운반, 철로 등 노동조합의 노동자 300여 명이 북한으로 출발했으며, 중국의 노무자들 역시 동원되어 북한의 전선에서 부상병들을 구조하고 자동차나 기차를 이용하여 후방으로 물자를 운송하는 작업을 도왔다.

또 1941년 4월에 철도국 직원들이 입북했는데, 당시 중국의 철도원 중 85퍼센트가 신청서를 제출했다. 중국 측 발표에 따르면 1952년 말까지 동북지역에 거주하던 민병(民兵)은 약 221만 명이었는데 이들 중 170만 여명이 전쟁에 동원되었다고 한다. 중국은 공식적으로는 이들이 모두 자발적으로 동원된 것이라고 선전하였지만, 당시 국가 분위기에 휩쓸려 동원된 사람들도 상당수 있었다.

두 번째 지원사업인 지원 헌금 및 물자 헌납은 중국의 농촌이나 도시, 직장 등에서 진행되었다. 1951년 1월 베이징, 상하이 지역에서는 500억여 원의 위문금을 모금했고, 1월 18일 중화총공회(中華總工會)에서는 전국의 노동자들이 헌납한 국제노동자 호조기금에서 5억 원을 북조선직업총동맹에 송금했다고 발표했다. 이렇게 개인, 단체별로 진행되던 헌금, 헌납은 중국 정부가 1951년 2월 2일 '항미원조 애국운동의 진일보 전개에 관한 지시(關於進一步開展抗美援朝愛國運動的指示)'를 발표하면서 구체화되었다. 중국 내에서 지역별로 모인 자금과 물자들은 북한으로 이송되었다.

중국인들은 중공군 참전 1주년 기념으로 전국에서 헌납한 금액은 2조 3,000억여 원이었고, 1,500대에 달하는 전투기 구매금액을 북한으로 보냈다고 발표했다. 중국 정부는 이를 자발적인 헌납이라고 주장했지만, 정부 발표 방식에는 도시 및 지방에서 누가 어느 정도의 금액을 헌납했는지 공개했기 때문에 강제성을 수반한 것이었다고 할 수 있다.

세 번째는 위문단을 조직해 북한에 파견한 일이다. 중국 정부는 전쟁 기간 중 모두 2차례에 걸쳐 위문단을 파견했는데, 1951년 3월 말부터 약 1개월 동안 575명의 위문단이 북한에 갔다. 그리고 다음 해인 1952년 9월에도 인민해방군, 예술종사자 등으로 구성된 1,091명의 위문단이 한반도에 파견되었다.

소련의 북한 지원

소련의 북한 지원도 다양한 부분에서 진행되었는데, 군사고문단 지원, 공군지원, 무기공급 등으로 이루어졌다.

우선 군사고문단의 지원을 살펴보자. 1948년 공식적으로 소련 군사고문단이 철수했다고 알려져 있지만 앞에서도 언급했듯이 이들이 모두 철수하지는 않았다. 북한의 남침계획은 군사고문단이 작성한 계획에 따라 진행되었고, 전쟁 수행과정에서 그들의 역할은 컸다.

원래 이들의 업무는 작전 시 북한 측에 조언을 제공하는 것이었으나 실제로는 최고사령부뿐만 아니라 군단, 사단, 여단 사령부에서 작전을 지도하고 지휘했다. 이들의 중요성에 대해서는 김일성이 전쟁 초기 소련 군사고문단이 북한 전쟁지도부의 이동 경로를 따라 함께 움직이기를 원한다고 스탈린에게 요청한 것에서 확인할 수 있다. 1950년 11월 17일 당시 확인되는 인원으로 소련 군사고문관 11명은 북한군 최고사령부와 후방사령부에 있었고 55명은 북한군 여러 편대 부대에, 51명은 9개의 인민군 보병과 기갑사단, 항공 교육연대의 인사 훈련에 따라 중국에, 그리고 2명은 훈련 중인 북한군 조종사들과 함께 소련에 있었다.

이들이 북한에서 해야 할 업무는 원래 작전과 전투에 대한 지원이었지만, 이 업무 외에도 김일성과 북한 지도부의 동향과 정보를 수집해 소련으로 보고했다. 또한 이들은 6·25전쟁에서 확인된 미군의 전술과 무기에 대해 분석하고 평가했다. 결국 전쟁 중 파견된 군사고문단의 업무에는 북한의 상황과 함께 미국의 무기현황 파악을 소련에 보고하는 업무가 포함되어 있었던 것이다.

둘째, 소련은 공군을 파병해 중국을 지원했다. 1950년 11월 소련 제64전투비행군단이 조직되었다. 이들의 주요 역할은 미 공군에 대한 방어였다. 처음에는 중국지역의 주요 시설, 압록강의 교량, 수력발전소 등의 방어가 목표였지만, 이후 평양-원산으로 확대되었다. 이것은 소련 군사고문단이 북한군을 따라서 남하하지 못하도록 스탈린이 지시한 것처럼 공군 역시 대외적으로 공개되기를 바라지 않았기 때문이다. 특히 이들은 비행기에 부착된 소련표식을 제거하고 비행기 탑승 부대원들은 중국 군복을 입었다.

마지막으로 무기공급의 지원이다. 6·25전쟁 시기 소련은 북한과 중국에 무기를 제공했지만, 이들이 요구한 분량을 채우지는 못했다. 그 이유는 소련에서 공급할 수 있는 양을 초과했기 때문이다. 1951년 6월 21일 마오쩌둥은 군사장비 개선을 위해서 스탈린에게 60개 사단의 장비를 공급해 달라고 요청했지만, 스탈린은 1951년 안에 10개 사단의 장비 공급도 불가능하며 만약 60개 사단의 장비를 공급하기 위해서는 최소 3년의 시간이 걸린다고 전했다. 이것은 소련이 물자를 제공하려 해도 당시 전쟁에서 필요한 양을 제작할 능력이 없었다는 것을 보여주는 것이다.

위의 세 가지 방법 외에도 소련은 1952년 10월 북한의 학생들을 소련의 대학생 및 대학원생 자격으로 고등교육 기간에 받아들여 교육시킨다는 내용의 협정을 체결했다.

3부

북한의
전후복구와
8월 종파사건

1장
북한의
전후복구 과정

전후 피해와 대책

1953년 7월 28일 평양에서 정전협정 체결을 축하하는 군중대회가 개최되었다. 그리고 8월 5일 조선로동당 중앙위원회 제6차 전원회의에서 김일성은 '모든 것을 전후 인민경제 복구발전을 위하여'라는 제목으로 보고를 했다. 그 내용은 "(전략) 우리 당과 전체 인민은 정전의 평화적 기간을 최대한 리용하여 민주기지의 강화를 위한 전후복구 건설에 모든 힘을 동원하여야 하겠습니다.(후략)"라는 것이었다.

이 발언은 정전이 실현된 후 가장 긴급한 것이 전후복구였음을 의미하는 것이다. 또한 여기서 '중공업 우선과 경공업·농업의 동시 발전'이라는 방침과 농업협동화 실시가 제기되었다. 그리고 북한 최고 인민회의는 '1954~1956년 조선민주주의인민공화국 인민경제 복구 발전 3개년 계획에 관하여'를 결정했다.

북한의 공식 발표에 따르면 전쟁 기간 중 총 손실규모는 약 4,200억 원으로 8,700여 개소의 공장건물, 2,800만 평방미터에 달하는 60만 호의 주택, 5,000개소의 학교, 1,000개소의 병원 및 진료소, 203개소의 극장 및 영화관들과 수천 개소의 문화기관들이 파괴되었다고 한다. 특히 미군의 폭격이 가장 심했던 평양이 지역적 피해가 가장 컸다. 평양지역은 전쟁 기간 중에도 복구작업이 진행되었는데, 1951년 1월 25일 내각결정 제187호 「조국해방전쟁시기에 있어서 인민생활안정을 위한 제대책에 관한 결정서」를 채택하여 전시 살림집과 전재민들의 임시숙소를 건설하였다.

그리고 1951년 초 소련 유학파들이 중심이 되어 전선에서 싸우던 건축, 설계와 관련된 대학의 재학생과 졸업생들을 소환해서 평양시 복구계획을 준비했다.

북한에서의 복구작업은 세 가지 방법으로 진행되었다. 첫째, 전후 복구 관련 정책을 시행함으로써 주민들을 동원하는 방법, 둘째, 소련·중국 등 사회주의 국가들의 원조, 셋째, 정전협정이 체결된 후에도 잔류하고 있던 중공군의 노동력 활용이었다.

전후복구 정책 시행과 주민 동원

북한은 가장 먼저 전력, 교통, 운수 등 긴급한 분야의 복구를 진행하기 위해 1953년 7월 29일 '전력 부문의 긴급사업 조치' '교통운수 사업의 정상화를 위한 긴급 대책' '체신부문 사업의 긴급 조치' 등에 관한 내각 결정을 채택했다.

그리고 1953년 7월 30일 평양시 복구 재건에 대한 내각결정을 공포하여 김일성을 위원장으로 하는 평양시 복구위원회를 조직했다. 또한 제대한 군인들과 전상자들 중에서 각 부분의 복구 건설에 참가할 것을 희망하는 사람들을 모집했는데, 이들은 농촌, 탄광 등 노동력 부족이 심한 지역으로 배치되었다.

이러한 정책의 시행, 공포 외에도 공업, 철도, 농촌지역에서도 각 부분에서 전후복구가 진행되었다. 이와 같은 상황에서 북한은 전후복구 과정에서 우수한 성적을 보인 개인 및 단체를 격려하는 방법으로 내부동원을 이끌었다.

예를 들어 1953년 9월 7일 개막된 철도운수 일군 열성자 대회에서는 김일성의 호소 내용이 적힌 플래카드, 노동자들이 금년 하반기에 철도 운송계획을 완수하기 위한 결의를 쓴 플래카드가 붙었다. 그 외에도 1954년 9월 14일 평양시 복구 공사기간 단축을 위해 노력한 기관 및 노동자, 기술자, 사무원, 학생, 군무자들에게 우승기 및 상금을 수여했다. 당시 발표자는 585명이었다.

이처럼 주민, 기관, 사회단체의 집단적 운동은 이후 1959년 3월 생산에서의 집단적 혁신운동과 근로자들을 교양 개조하는 북한의 '천리마작업반운동'으로 구체화되었다.

소련, 중국 등 사회주의 국가의 지원

북한은 전후복구 정책에 필요한 자금을 모으기 위해 소련, 중국 등 사회주의 국가들에 대표단을 파견했다. 김일성과 대표단은 1953년 9월 모스크바를 방문하여 조약을 체결했는데, 당시 2년에 걸쳐 10억 루블을 지원받기로 했다. 이후 1956년 8월 체결한 추가 조약으로 3억 루블을 지원받았다.

김일성과 대표단은 1953년 11월에는 중국도 방문했다. 회담 결과 중국은 전쟁이 시작된 시점부터 1953년 말까지 북한에 제공한 모든 물자와 비용을 무상 증여하며, 1954년부터 1957년까지 4년 동안 인민폐 8조 원을 제공하기로 했다. 그리고 이 내용이 포함된 '조선민주주의인민공화국과 중화인민공화국 간의 경제 및 문화 합작에 관한 협정'이 11월 23일 베이징에서 체결되었다.

그 외에 1953년 6~11월 기간 중에 건설상 리주연을 단장으로 구성된 대표단이 동유럽 국가들을 순방했다. 그 결과 동독 4억 6,200만 루블, 체코슬로비아 1억 1,300만 루블, 루마니아 6,500만 루블, 불가리아 2,000만 루블 등을 지원받았다. 또한 이 국가들은 북한을 직접 방문하여 건축과 생필품 등 필요한 부분을 확인해서 별도의 물품을 보내주기도 했다.

경제적 지원 외에도 지역적 피해의 규모가 컸기 때문에 사회주의 국가들은 국가별로 도시를 맡아 복구, 재건을 지원했다. 특히 평양 지역은 전쟁기간 동안 미 공군이 1,431회를 폭격해 관공서와 327곳의 공장 기업소, 225곳의 문화시설뿐만 아니라 6만 3,684호의 주택과 1,718개의 상점이 파괴되었다. 따라서 도시 전역이 파괴된 평양 지역 재건을 담당했던 헝가리는 시내 한 구역을 맡아 3~4층 건물이 들어선 도로를 새롭게 만들었다.

제2의 도시인 함흥은 동독이 담당했는데, 1954년 11월 동독 지원팀이 도착했다. 이들이 재건한 도시는 예전의 북한 모습이 아닌 소련이나 동독의 도시와 같은 인상이 되었다. 당시 함흥·흥남시에는 동독 기술자 200여 명, 체코 기술자 100여 명이 전후복구를 도왔다.

인민경제 복구발전 3개년 계획 기간인 1954년부터 1956년까지

사회주의 국가의 북한 원조액은 막대하였다. 이 기간 동안 북한의 국가 예산 수입 총액에서 외국의 원조가 차지하는 부분은 22.6퍼센트였다.

그 외에 중국은 북한의 노동력 부족을 보완하기 위해 1954년 연변 조선인 자치주의 일부를 전후복구 건설에 참여시켰다. 그리고 1958년경에는 조선인 일부를 아예 북한으로 이주시키기도 했다. 그리고 사회주의 국가들은 전쟁 기간에 북한의 전쟁고아들을 양육하고 교육시켰다. 중국은 전쟁 기간에 약 2만 명을, 동유럽에서는 약 5,000명의 고아들을 받아 교육기관으로 보내거나 기술을 훈련시켰다. 전후복구 시기에 이 아이들은 북한으로 돌아가 산업화 과정에 참여하게 되었다.

중공군의 노동력 활용

1950년대 말 북한의 민간인 수는 전쟁 전과 비교하여 150만여 명, 전체 인구수의 약 17퍼센트가 감소되었다. 이는 군대 동원, 한국군 수복지역에서 일부 주민의 월남, 그리고 전투나 미 공군의 공습으로 인한 인명피해가 컸기 때문이다.

이와 같은 상황에서 정전협정이 체결되고도 북한에 남아 있던 중공군 120만 명은 북한의 전후복구 작업에 있어서 중요한 노동력이었다. 이들의 숫자는 전쟁으로 인해 희생된 숫자를 대체할 수 있는 정도였다.

북한에 잔류한 중공군은 1954년 3월 29일 '북한 인민의 재건작업 지원에 관한 지시'를 발표했고, 이에 따라 중공군의 각 중대는 70퍼센트, 기관은 20~40퍼센트의 인원이 동원되어 북한 전역의 건물 수리, 건설 및 가옥, 공공기관을 복구하는 작업에 참여했다.

1954년 7월 26일에 중공군 대변인이 발표한 담화내용은 "1953년 8월 말부터 금년 6월 말까지 중공군 각 부대는 공동으로 조선인민 공공장소 187개, 학교 142개, 수리한 방은 18만 8,497간, 개황지 890만 8,380평, 식수 853만 6,562그루, 수도와 제방 826개를 수리하였고, 북한 주민은 중공군의 건설 공작 중에 그들을 고무하기 위해 많은 건축, 기념비, '지원군교' '지원군 가마' '조중단결저수지' '우의숙사'와 같은 것을 세웠다."는 것이었다. 그리고 중공군의 활동에 대한 선전작업으로 『로동신문』은 이들의 복구공사 참여 소식과 함께 사진을 게재하기도 했다.

정전협정이 체결된 후 조선로동당 최고인민회의 상임위원회는 중공군 추모탑을 평양시에 건립하자고 계획했고, 우의탑은 1959년에 건립되었다. 비록 중공군이 북한에 주둔하면서 노동력을 활용해 전후복구에 기여한 것은 사실이었지만 이들의 주둔은 많은 문제점을 일으켰다. 이들이 일으킨 사고, 강간 등 치안문제가 발생하자 북·중 갈등이 심화되기도 했다.

2장
1956년 이전의
종파세력 비판

국내파에 대한 비판

1946년 오기섭, 최용달, 정달헌 등 함경도 지역에 기반을 둔 국내파 들이 종파문제로 비난을 받았다. 이들에 대한 비판은 1946년 2월 15일 개최된 조선공산당북조선분국 중앙 제4차 확대집행위원회에 서 제기되었다. 이 회의에서는 「목전 당내 정세와 당면과업」에 관한 결정서가 채택되었고, 여기서 함경남도 당책임자들의 종파활동 이 거론되었다.

여기서 지적된 내용은 다음과 같다. 1945년 10월 11일 제3차 확 대위원회에서는 '당 사업에 방해를 주고 당 위신을 손상시키는 친일적 민족주의 탐위주의적 및 기타 적대적 요소들이 당 대열에 유입한 것을 제거'하기로 결정한 후 정·부당원에게 당증을 발급하기 위한 심사를 진행했다. 하지만 도당 심사과정에서 당내의 문제점이 발각되었는데, 그것은 분파주의자들이 당 사업을 방해하고 당 조직을 와해하려고 하며 당 규율을 파괴하고 있다는 것이었다.

특히 구체적으로 지목된 내용은 함경남도 도책임자들의 종파활동은 가장 엄중하며 이들은 "중앙을 지지한다.'는 간판 밑에서 분국이 성립되는 때 붙어 그를 반대하였고 분국과 중앙과의 이간을 기도하였고 분국의 정확한 지도(이는 당중앙노선이라는 것을 알아야 한다)를 거부함으로써 자기네 종파 꾸미는 데 열중했었다."는 것이었다.

이들은 비록 이 자리에서 지적을 받았지만, 당시는 북한 정권이 수립된 상태가 아니었기 때문에 비판에 머물렀다. 이들은 이후 '종파'라는 이름으로 모두 숙청되었다.

조선로동당 중앙위원회 제3차 전원회의

6·25전쟁이 발발하자 군사위원회 위원장을 맡은 김일성은 전쟁 시기 동안 절대권력을 가지게 되었다. 그리고 전쟁 중에 진행된 전원

회의에서 김일성은 종파문제를 공식적으로 제기하기 시작했다.

1950년 12월 21~23일 조선로동당 중앙위원회 제3차 전원회의가 자강도 강계에서 개최되었다. 김일성은 '현정세와 당면 과업'이라는 보고를 통해서 6개월 간의 전쟁과정을 평가하고 결함을 지적했다. 김일성은 미국의 전쟁 개입을 예상하지 못한 것으로 무마하였지만, 전황이 불리하게 된 이유를 빨치산 투쟁의 문제점과 작전계획을 수립한 군 지도자들과 전선 사령관들에게 책임을 전가했다. 이는 전쟁을 주도한 김일성의 책임을 회피하면서 대신 다른 이들에게 미룬 것이다.

1950년 3월 김일성과 박헌영이 전쟁 개전의 승인을 얻기 위해 스탈린을 만나러 갔을 때 박헌영은 남로당원들 20만여 명이 봉기할 것이라고 이야기했다. 하지만 전쟁 중 이들의 봉기는 없었고, 이 부분이 박헌영에 대한 비판으로 이어졌다.

당시 비판과 함께 문책을 당했던 사람은 김일, 최광, 림춘추 등 김일성의 만주파 및 연안파인 무정, 김한중 등이 포함되어 있었다. 특히 김일성의 목표는 무정에 대한 비판이었다. 무정은 제2군단장으로 있으면서 군대 내의 명령을 집행하지 않고 전투를 제대로 수행하지 않았다고 비판받았다. 또한 그는 철직당한 후에도 퇴각과정에서 법적 수속도 없이 사람을 총살하는 등의 행동을 했다고 비판받았다.

결국 무정은 이 회의를 통해 퇴출되었다. 하지만 김일성과 같은 만주파 출신인 김일, 최광, 림춘추는 이후 모두 복권되었다.

조선로동당 중앙위원회 제4차 전원회의

1951년 11월 1~2일 개최된 조선로동당 중앙위원회 제4차 전원회의에서는 소련파의 거두인 허가이가 철직되었다. 당시 허가이는 '관문주의자' '징벌주의자'라는 이름으로 비판을 받았는데, '관문주의'는 당, 사회단체, 기관 등에 등록하기 위한 필요조건들을 까다롭게 해서 신청자가 가입할 수 없게 하는 것이다.

1950년 12월 23일 조선로동당 중앙위원회는 「전시환경에서 당조직 사업에 대하여」라는 결정서를 채택한 후 '당원재등록사업'을 결정했다. 당시 위원장은 허가이가 담당했는데 이 업무는 후퇴과정에서 당증을 파기, 소각 등의 행동을 한 당원, 군 징집 거부자들에 대한 출당 작업이었다. 허가이의 죄는 이 업무를 과도하게 진행해 전체 당원 60만 명 중 45만 명을 징벌해 조직을 마비시켰다는 것이었다. 또한 그의 죄목으로 지목된 징벌주의자는 그가 유엔군으로부터 탈환한 지역에서 하부 당원들에게 가한 무차별적인 징벌 때문에 붙여진 것이다.

허가이는 조선로동당 창립시절부터 '당박사'라고 불릴 정도로 절대적인 영향력을 갖고 있었으나, 전쟁 개전 후 군사위원회 위원에도 포함되지 않았다. 허가이는 좌천되었고, 이후 1953년 박헌영, 리승엽 등의 반당·반국가적 범죄행위가 기소되자 자살했다. 그의 자살에 대해 암살되었다고 추정하는 일부 소련파 인사들도 있으나, 박영빈은 자신이 직접 허가이의 유서를 보았다고 증언했다.

조선로동당 중앙위원회 제5차 전원회의

1952년 12월 15~18일에 개최된 조선로동당 중앙위원회 제5차 전원회의에서 김일성은 '로동당의 조직적 사상적 강화는 우리 승리의 기초'라는 보고를 했다. 이 내용은 제4차 전원회의 이후 당 조직사업은 개선, 강화되었다는 내용이었다.

그리고 당 조직사업에서의 문제점을 지적하면서 김일성은 "미·영 제국주의의 무력 침범자들과 가혹한 전쟁을 진행하고 있는 오늘 더욱 이러한 종파적 행동을 용허할 수 없다."고 발언했다. 당시 박헌영, 리승엽 등 과거 남조선로동당 출신들이 종파주의, 지방주의적

경향을 가지고 있다고 비판받았으며, 일부 소련파도 비판받았다. 하지만 이 회의에서는 남로당 계열인 박헌영이 표적이었고, 이것은 시작에 불과했다. 그에 대한 비판은 이후에도 계속되었는데, 1953년 4월 조선로동당 제3차 당대회에서 김일성은 박헌영 등의 해방 전후 활동을 종파싸움이라고 비판했다. 또한 "미제의 고용간첩들과 혁명에서 변절타락한 자기의 추종분자들을 당과 국가기관에 잠입시키며 허가이, 주영하, 박일우와 그 밖에 북반부에 있던 종파분자들을 규합"했다고 지적했다. 그리고 1953년 6월 4일 조선로동당 중앙위원회 정치위원회에서는 제5차 전원회의 결정이 마치 박헌영, 리승엽을 제거하는 것으로만 판단하고 있는데, 이는 잘못된 것이며 이러한 숙청작업의 범위를 남로당 조직원과 그 관련자 전체로 확대하도록 했다. 이 사업은 '제5차 전원회의 문헌재토의사업'으로 불렸다.

박헌영 숙청

정전협정이 체결되자 곧바로 이들에 대한 숙청작업이 본격화되었다. 7월 30일 박헌영을 제외한 리승엽, 리강국, 조일명 등 남로당 계열 12명이 '조선민주주의인민공화국정부 전복 음모와 반국가적 무장폭동 및 선전선동에 관한 건'으로 최고재판소에 기소되었다. 이들의 기소 내용은 이들이 군사·정치·문화사업에 관한 주요 기밀정보를 미국에 제공하기 위한 간첩행위를 했고 박헌영을 중심으로 미제 국주의 정권을 조직하려 했다는 것이다.

재판은 8월 3일부터 시작되어 조선로동당 중앙위원회 제6차 전원회의 기간(8월 5~9일)에 맞춰 공개적으로 진행되었고, 6일에 판결이 언도되었다. 최고재판소 군사재판부는 12인 중에서 2인을 제외한 리승엽, 조일명, 리강국 등 10명에게 사형을 선고했다.

당시 박헌영에 대한 기소가 이루어지지 않은 것은 그가 죄를 인정하지 않았고, 조선로동당 부위원장, 부수상 겸 외무상의 직위를 갖고 있는 그의 재판으로 인해 일어날 파문을 피하기 위해서였다.

당시 개최된 전원회의에서는 「박헌영의 비호 하에서 리승엽 도당들이 감행한 반당적 반국가적 범죄적 행위와 허가이의 자살사건에 관하여」 「정전협정 체결과 관련한 전후 인민경제 복구 발전을 위한 투쟁과 당의 금후 임무'에 대하여」 등의 결정서가 채택되었다.

이후 박헌영은 1955년 12월 3일 기소되었다. 박헌영의 재판은 중앙기관의 상·부상급 인사, 지방기관의 인민위원장과 당위원장만이 참석하여 평양 내무성구락부 회의실에 설치된 공판정에서 열렸다. 그리고 1956년 8월 조선조동당 중앙위원회 전원회의가 개최된 해의 가을에 처형되었다.

1955년 4월 전원회의

전쟁 중에 개최된 전원회의는 일부 국내파, 연안파, 소련파 등 시기별로 1~2개의 파벌을 중심으로 비판을 했지만, 1955년 4월 전원회의는 만주파를 제외한 모든 세력을 비판의 대상으로 삼았다. 전원회의 일정의 마지막 날 김일성은 "당의 정치적 토대가 남북조선, 소련, 중국에 기반한 사람들로 구성되어 있는데, 종파주의자들은 이를 리용하여 그들의 출신지역에 대한 대표성을 공공연히 과시하고 있다."고 비판하고 특정인들(리승엽, 허가이, 박일우 등)을 비난하면서 "이들이 소련이나 중국, 남한 어디에서 왔건 간에 조선로동당원임을 명심해야 할 것이며, 당 정신이 결여된 사람들은 당과 혁명사업에 대한 어떠한 전망도 없다."고 발언했다.

박일우가 이 회의에서 비난을 받았고, 전쟁영웅이라고 알려진 방호산이 숙청되는 등 북한군 내에 연안파를 대표하는 인물들이 제거되었다. 김일성은 회의에서 "박일우가 중국 출신자들을 규합하려고 장난을 치고 불평분자들을 끌어들이려 하고 있으며 개인영웅주의자로 행세하고 있다."고 비판했다. 그리고 박일우는 이 회의의 결정에 따라 체신상에서 직위 해제되어 가택 연금된 상태로 당 조직지도부장 박금철의 책임 하에 구성된 특별조사위원회에서 조사를 받았다. 그리고 12월 제3차 전원회의에서 박일우는 조선로동당 중앙위원에서 제명되었다.

박일우의 제명 이유는 당 간부들에게 당적 규율을 적용하는 것에 대하여 어떤 의견도 제시하지 않으면서 배후에서 반대하였고, 또한 자신을 마치 중국에서 나온 '대표자'로 자처하였으며, 북한군 안에서 자기의 세력을 만들려고 시도했다는 것이다. 또한 소련파와 연안파 사람들을 서로 대립시켰으며, 소련파에 대응하기 위해서는 박헌영과 연합하여야 한다는 주장을 하였으므로, 비록 박일우가 간첩은 아니었지만 그의 행동이 박헌영, 리승엽과 비슷하며, 자기반성을 하지 않았다는 이유였다. 결국 6·25전쟁 중 북한과 중국을 왕래하며 양국 사이를 연결하던 박일우는 북한의 권력층에서 배제되었다.

이처럼 1955년 4월 전원회의를 통해서 북한 정권 내의 지도부 비판과 숙청이 진행되었지만, 이는 전 주민들에게도 확대되었다. 「경제절약, 재정자재의 통제규율과 반탐오(反貪汚), 반낭비(反浪費) 강화에 대하여」라는 결정서가 채택된 후 전 주민에게 '자백운동'이 전개되었다. 이는 북한이 주민들을 억압하는 수단으로 활용된 것이다.

또한 김일성은 1955년 12월 28일 당 선전선동 일군들 앞에서 '사상 사업에서 교조주의와 형식주의를 퇴치하고 주체를 확립할 데 대하여'라는 연설을 하였다. 이 연설은 사대주의와 교조주의를 극복하고 주체를 확립하자는 강력한 주장이었다. 이제 김일성은 연안파, 소련파 등 대외적 의존성이 강한 세력을 비판하고 주체를 주장하기 시작한 것이다.

3장
8월 종파사건의
전말

김일성의 위기

1956년 8월 종파사건은 북한 역사의 일대 전환기적 사건으로 연안파와 소련파가 8월 전원회의에서 김일성을 제거하려는 계획을 세웠다가 실패한 사건이다. 6·25전쟁이 종결된 지 3년밖에 지나지 않았고, 전후복구사업도 완결되지 않은 시점에서 북한 내부에서 권력투쟁이 전개된 것이다. 위에서 이미 언급했지만, 김일성은 정전협정 체결 후 종파에 대한 혐의를 씌워 국내파, 연안파, 소련파, 남로당 계열에 대한 비판 및 숙청을 감행하고 있었다.

하지만 전후복구사업을 진행하는 과정에서 중국, 소련으로부터 막대한 지원을 받고 있어 관련자들의 처벌은 어려운 결정이었다.

특히 1955년 4월 전원회의에서 진행된 모든 파벌들에 대한 김일성의 공격은 당사자들이 받아들이기 힘든 상황이었다. 따라서 전원회의 직후 열린 정치위원회 회의에서 일부 인사들은 김일성에게 내각 수상직을 사임하고 당 중앙위원회 위원장직만을 맡도록 요청했다. 김일성은 이와 같은 제안이 자신의 권위에 대한 도전이라고 판단했지만 이 문제를 본인의 모스크바 방문 이후에 결정하자고 제안해 보류시켰다.

김일성은 4월 20일 모스크바를 방문했다. 방문 목적은 북한 내부 문제에 대한 조언뿐만 아니라 1957년부터 시행될 예정인 조선민주주의인민공화국 인민경제발전 제1차 5개년(1957~1961) 계획과 조선로동당의 새로운 강령에 대한 승인이었다. 하지만 이 회담에서 김일성은 소련 지도부로부터 북한 내부 문제에 대한 지적과 중공업 우선 정책에 대한 충고를 받고 귀국했다.

북한 내부 갈등요소

김일성은 북한 내에서 어려운 상황에 처해 있었다. 내부에서는 김일성의 숙청사업에 대한 불만이 제기됨과 동시에 처음부터 김일성이 추진하던 전후복구 정책을 비판하는 인사들이 나타났기 때문이다. 전후복구 발전 노선에 대한 갈등은 두 분야에서 나타났다. 우선 중공업과 경공업·농업의 발전 방향에 관한 것과 농업협동화 시행에 대한 부분이었다.

김일성은 중공업 분야의 우선 발전을 주장했고, 연안파·소련파는 경공업을 중공업보다 먼저 발전시킬 것을 주장했다. 김일성은 중공업이 우선적으로 발전해야 농업을 발전시키고, 비료, 관계시설, 농기계 등을 생산하고 공급할 수 있으며, 경공업도 중공업의 발전에 의존해 성장할 수 있다고 판단했다. 특히 전후복구 시기에 소련과 중국 그리고 다른 사회주의 국가들이 제공한 원조를 모두 식량이나 소비품으로 사용해버리면 자립적 경제토대를 확립할 수 없으며, 소비품도 생산할 수 없게 된다는 논리였다.

이에 비해서 연안파와 소련파는 북한의 어려운 상황, 즉 북한 주민들의 생활수준 등을 분석했을 때 농업과 경공업이 우선되어야 한다고 주장했다. 당시 김일성이 추진했던 것은 스탈린의 중공업 우선 성장전략이었다. 그리고 스탈린의 노선을 기초로 동유럽 사회주의 국가들은 산업화와 근대화를 추진해 나갔다.

이 경제정책에 대한 북한 주민들의 평가를 확인할 수 있는 것은

1956년 5월 17일 동독주재 북한대사 박길룡이 조선로동당 제3차 당대회에 참석한 후 베를린으로 돌아가는 도중에 모스크바에서 소련 외교부 극동국 1등 서기관 이바넨코를 만나 대화한 내용이다. 박길룡은 북한의 광범위한 주민 계층, 특히 농민 사이에서 김일성 중심의 지도부가 주도하는 경제복구노선과 주민생활의 저하를 담보로 한 중공업 발전노선에 대한 불만이 고조되고 있다고 지적했다.

하지만 이러한 정책적 문제는 북한 내부만의 문제가 아니라 소련에서의 대립구도가 북한에 표명된 것이었다. 소련공산당 제1서기 흐루시초프(Н. С. Хрущёв)와 총리 말렌코프(Г. М. Малнков)는 경제성장 방식을 두고 대립하고 있었다. 당시 흐루시초프는 국방과 중공업 우선정책을 추진했던 반면, 말렌코프는 소비재 부문의 확대와 경공업 우선정책을 중시했다. 그리고 북한에서는 김일성의 만주파가 중공업 우선정책을 내세웠고, 연안파·소련파가 경공업·소비재 우선정책을 주장한 것이었다.

또한 김일성은 농촌의 사회주의적 개조인 농업협동화를 주장했고 연안파·만주파는 이를 비판하고 있었다.

이 문제 외에도 김일성과 연안파, 소련파가 대립하게 되었던 배경에는 스탈린 사망 이후 흐루시초프가 정권을 장악하면서 소련에 새로운 기류가 형성되었기 때문이다. 특히 1956년 2월 소련공산당 제

20차 대회에서 흐루시초프는 스탈린을 독재자, 폭군, 살인자로 규정하며 그에 대한 개인숭배를 비판하는 발언을 했다. 또한 '세 가지 평화론'을 제시했는데, 이는 사회주의가 자본주의를 타도하여 승리하는 길이 혁명의 길이 아니라 두 제도 간의 '평화적 공존' '평화적 경쟁' '평화적 이행'을 통한 공동번영의 추구가 핵심이라는 것이었다. 이에 미국은 소련공산당 제20차 대회에서 수정주의노선이 채택된 것을 '스탈린 사망 이후 흐루시초프에 의하여 단행된 가장 근본적인 정책 변화'로 환영했다. 흐루시초프의 이러한 수정노선은 당시 적지 않은 전 세계 공산당, 노동당에 전파되었다. 그리고 북한에서도 김일성의 개인숭배에 불만을 가지고 있던 세력들이 이를 비판하기 시작하는 계기가 되었다.

1956년 4월 조선로동당 제3차 대회와 김일성의 외유

1956년 4월 23~29일 조선로동당 제3차 대회가 개최되었다. 제3차 대회의 발표내용은 조선로동당의 자주적인 대외정책이었다. 그리고 북한은 '안팎의 정세가 복잡한 상황에서도 우리 식대로 살아가며 주체의 혁명위업을 끝까지 완수하겠다.'는 것을 선포했다. 당시 소련에서 브레즈네프(Л. И. Брежнев)가 방북했는데, 북한 지도층 일부는 브레즈네프가 북한에서 진행되고 있는 김일성의 개인숭배를 비판해 주기를 바랐지만, 브레즈네프의 연설에는 그 내용이 없었다. 브레즈네프는 '개인숭배와 그 후과에 관하여'라는 소련공산당 제20차 당대회의 내용을 설명했지만 이는 북한과는 관련 없다는 방향으로 이야기되었다. 그리고 대회 개최 후 각 기관들이 자체적으로 진행한 토의의 결론은 김일성 그룹에는 개인숭배 현상이 존재하지 않으며, '남한에서는 박헌영, 북한에서는 허가이'에 대한 개인숭배만 과거에 존재했다는 것으로 마무리되었다.

6월 김일성은 전후복구 건설 지원금을 받기 위해 직접 소련과 동유럽 국가들을 방문하러 떠났다. 그러자 반김일성 세력이 결집하기 시작했다. 당시 주북한 소련대사 이바노프(В. И. Иванов)는 조선로동당 상무위원이며 연안파인 최창익에게 당 중앙위원들의 결의를 통해 합법적으로 김일성을 당 중앙위원장에서 물러나게 하고 대신 최창익이 그 자리에 오르고, 김일성은 내각 수상직만 맡도록 하자고 제안했다. 최창익은 처음에는 주저했으나 몇 차례 같은 제의를 받고 연안파인 서휘와 상의 끝에 이를 수락했다. 당시 이바노프가 김일성의 업무를 내각 수상직에 한정하자고 제안한 것은 김일성이 북한정권초기와 전후 복구 시기에 국가사업, 행정사업을 담당했기 때문이다. 이바노프는 박창옥 등 소련파에게도 소련의 의견을 전달했다. 이에 따라 이 계획은 최창익, 서휘, 윤공흠, 고봉기 등의 연안파와 박창옥, 김승화, 박의완 등의 소련파를 중심으로 준비되었다. 하지만 최용건 등이 이를 포착하여 김일성에게 알렸다. 이미 자신에 대한 반대세력들의 동향을 파악하고 있었던 김일성은 전원회의 소집을 지연시켰다. 그리고 그 날짜를 하루 전에 공표하였다.

1956년 8월 전원회의

1956년 8월 30~31일 평양예술극장에서 조선로동당 중앙위원회 전원회의가 개최되었다. 전원회의의 첫 번째 토의 내용은 1956년 6월 1일부터 7월 19일까지 해외를 방문한 대표단의 사업보고에 관한 것이었다. 이어서 두 번째는 인민보건사업을 개선, 강화할 데 관한 보고가 진행되었다. 이 보고 내용이 끝난 후 토론이 진행되었다.

당시 토론진행 과정을 1956년 9월 6일에 박의완이 이바노프 대사를 만나 설명한 내용에 따르면 다음과 같다. 회의는 오전과 오후로 나뉘어 진행되었다. 첫 번째 발언자 국가계획위원장 리종옥과 다음 발언자인 함경북도 도당 위원회 비서 김대공은 모두 조선로동당의 업적에 대해서 칭찬을 했다. 세 번째 발언자는 윤공흠이었다. 그는 소련공산당 제20차 전당대회의 정신이 조선로동당 제3차 대회에서는 찾을 수 없다며 김일성의 과오를 비판했다. 또한 인민생활의 저하, 양곡수매 사업의 문제점 등을 지적했고, 건설자금이 중공업에 편중되어 투입되고 있다는 점도 지적했다. 김일성은 즉시 윤공흠의 연설을 중단시키고 그가 당을 중상하고 있다고 비난했다. 그때 최창익이 윤공흠을 방어하기 위해 나섰으나 발언이 허용되지 않았다.

오후 회의에서도 계속해서 토론이 이어졌다. 재정상 리주연은 조선로동당 정책의 성공에 대해 이야기했고, 윤공흠의 발언은 종파주의적이라면서 그를 반혁명, 반당분자라고 발언했다. 그리고 남일, 민청중앙위원회 위원장 박용국도 윤공흠을 비판했다. 최창익은 오후 토론에서 발언하였는데, 그는 당의 정책은 옳지만 개인숭배에 대해서는 논의의 필요성이 있다고 이야기했다. 평안남도 당위원장 김만금과 김창만의 연설도 있었고, 그 뒤에 김일성이 발언했다.

김일성은 최창익과 박창옥이 불평분자들의 그룹을 이끌고 있다고 강조하면서 전원회의 이전에 들은 소문에 따르면 불평분자들을 이끌며 조선로동당의 정책들이 정확하지 못하다고 생각하는 인물이 소련대사관에 있다고 했다. 그래서 조선로동당 지도부는 상황을 밝

히기 위해 박정애와 남일을 소련대사관에 보냈고, 확인 결과 소문들은 김일성에게 적대적인 내용이었고 또한 반당 무리들에 의해 퍼진 것으로 판명되었다고 했다.

그후 소련공산당으로부터 한 통의 편지가 도착했는데, 그 내용은 개인숭배 문제가 검토되고 있는 여러 국가들에서 일부 사람들이 이 기회를 이용하여 지도자에 대한 불만을 표출하고 있음을 지적한 내용이었다고 했다. 그리고 김일성은 반당 그룹에 대해 집중적으로 이야기했다.

그 외에 함경남도 당위원장 황동민과 조선로동당 중앙위원회 선전선동부장 리일경이 발언했다. 당시 최용건은 윤공흠의 발언이 종파주의자과 같은 발언이고, 그의 행동은 박일우 그룹의 행동과 연속선상에 있으며 또한 박창옥은 뿌리 깊은 종파주의자이며 연안파와 연결되어 있다고 발언했다.

이에 박창옥은 조선로동당 중앙위원회 1955년 12월 전원회의가 자신에게 불공정했다고 지적하면서 자신은 어떤 그룹과도 연계되어 있지 않다고 주장했지만 회의장에서 일어난 항의 때문에 더 이상의 발언을 할 수 없었다. 김일성의 마지막 연설에는 최창익, 박창옥 등에 대해 조직 차원에서의 조치가 취해져야 한다고 제안하였고, 전원회의 결과 그들을 책벌하는 결정이 채택되었다.

그리고 다음날인 31일 회의에서 '최창익, 윤공흠, 서휘, 리필규, 박창옥 등 동무들의 종파적 음모행위에 대하여'가 결정되었다.

전원회의 후의 상황과
중·소의 북한 내정간섭

30일 밤 토론 분위기에 위협을 느낀 윤공흠, 서휘, 리필규, 김강은 북한을 탈출하여 중국으로 망명했다. 8월 전원회의에서 토론을 준비했던 것은 윤공흠뿐만 아니라 소련파인 김승화도 있었다. 하지만 그는 토론이 거절되자 급히 소련으로 떠났다.

이후에 출간된 전원회의 결정집에는 이러한 구체적인 내용이 실리지 않았다. 단지 최창익, 윤공흠, 서휘, 리필규 등이 이미 오래전부터 불평불만을 가지고 있었는데 최근 북한 정부 대표단이 다른 국가들을 방문하여 당과 정부의 주요 지도자가 없는 틈을 타서 종파적 음모를 감행했다는 비판적인 내용만이 기록되었을 뿐이다.

이 상황에서 리상조는 9월 5일 소련 외교부 차관 페도렌코(H. T. Федоренко)를 만나 소련공산당과 중국공산당 중앙위원회가 조선로동당 문제에 개입하여 주기를 요청했고, 소련과 중국공산당은 조선로동당의 당내 정세에 대해 토의한 후 1956년 9월 15~27일 중국공산당 제8차 전국대회에 참석 중이던 중국 국방부장 펑더화이와 소련 제1부 수상 미코얀(А. И. Микоян)을 북한에 급파했다.

평양에 도착한 대표단은 이들이 예상했던 것과는 다른 상황이 전개되고 있는 것을 알게 되었다. 김일성을 중심으로 하는 세력이 압도적으로 당 중앙위원회를 장악하고 있었던 것이다. 결국 대표단은 김일성 축출계획을 단념하고, 8월 전원회의에서 처벌당한 사람의 복권문제만 다루는 선으로 논의를 끝냈다.

다시 열리게 된 1956년 9월 23일 전원회의에서 최창익, 윤공흠, 서휘, 리필규, 박창옥 문제에 관해 재심이 열렸고, 이들에게 과오는 있지만, 그 처리 방법이 졸속으로 이루어졌으므로 이를 시정하는 것이 결정되었다. 이에 따라 최창익, 박창옥을 당 중앙위원회 위원으로 회복시키고, 윤공흠, 서휘, 리필규의 당원활동도 허용했다.

마지막으로 당내의 생활에서 제기되는 문제들에 대한 토론분위기를 조성함으로써 이후 다른 문제가 발생하더라도 행정적 방법으로 처리하는 것이 아니라 비판과 토론의 방법으로 결론을 내리도록 결정했다. 외형상으로는 북한이 중국과 소련의 압력을 받아 그들의 요구를 수용한 것으로 보였지만, 이 회의 결과는 지켜지지 않았다.

이바노프 대사에 의하면 8월 종파사건으로 중국으로 망명한 인사는 윤공흠, 서휘, 리필규, 김창일 등을 포함해 모두 9명이었다. 그리고 9월 전원회의 이후 8월 종파사건에 관련이 있는 조선로동당 평양시 당위원회의 고위인사들과 건설성, 조선직업총동맹 중앙위원회, 상업성의 비서들은 철직되어 지방으로 보내졌는데 그들도 결국 중국으로 망명했다고 한다.

1956년 12월 11~13일 개최된 당중앙위원회 전원회의에서는 「1957년 인민경제 계획에 대하여」라는 결정서가 채택되었는데 그 내용은 '전후 3개년계획을 성과적으로 수행하였으며 거대한 승리를 달성했다는 점을 인정'했다. 그리고 1956년 4월 조선로동당 제3차 대회에서 제시한 '중공업의 우선적 발전을 견지하면서 경공업과 농업을 동시적으로 급속히 발전'시키는 것을 결정한 당의 경제정책으로 '현재 인민경제의 모든 부문이 전쟁의 상처를 기본적으로 회복하고 전쟁 전 생산수준을 훨씬 능가'하게 되었다고 총결했다. 이는 기존의 노선이 정확했다는 것을 재차 확인하는 것이었다.

또한 이 회의에서 '천리마운동'이 결정되었다. 천리마운동은 6·25 전쟁 이후 3년 동안 지속되었던 외부로부터의 원조가 감소해 내부 자원만으로 경제건설을 도모해야 하는 상황에서 만들어졌다. 그리고 8월 반종파사건의 후유증과 정치, 경제적 어려움을 극복하고 사회분위기를 전환시키는 차원에서 제기된 것이다. 이 운동은 1958년부터 본격화되었다.

북한 내정간섭 당시의 중·소 상황

9월 23일 전원회의에서 결정된 사안이 지켜지지 않았음에도 소련과 중국은 다시 개입하지 않았다. 이는 두 국가 모두 대내외적 문제에 직면해 있었기 때문이다. 1956년 6월 28일 동유럽에서는 처음으로 공산주의에 반대하는 포즈난 사건(Poznan Riot)이 일어났고, 동년 10월 폴란드에서는 친소 정부가 무너지고 고물카(V. Gomulka) 정권이 수립되었다. 후르시초프는 폴란드에 주둔한 소련 군대를 바르샤바(Warsaw)로 진군시켜 폴란드 지도부를 압박하는 한편, 10월 19일 소련공산당 대표단을 직접 인솔하고 바르샤바에 도착하여 폴란드 지도부와 회담을 진행했다.

10~11월 헝가리에서는 학생들의 데모로부터 시작된 봉기가 친소 정부를 무너뜨리고 임레 너지(Imre Nagy)를 수상으로 하는 새로운 정부가 들어서는 '헝가리 혁명'이 일어났다. 당시 소련은 헝가리의 상황에 직접 개입하여 이를 진압했고, 결국 2,500명의 헝가리인과 700명의 소련군이 사망했다. 따라서 소련은 북한상황에 다시 개입할 수

있는 입장이 아니었다.

중국 역시 마찬가지였다. 중국은 내부문제 해결이 급선무였다. 1956년 9월 15~29일에 개최된 중국공산당 제8차 대회에서 마오쩌둥은 3해(三害: 사상상의 주관주의, 사업상의 관료주의, 조직상의 종파주의)를 극복하는 정풍운동을 암시했다. 그리고 중국공산당은 1957년 4월 27일 '정풍운동에 관한 지시'를 발표하고 6월 6일부터 전국적으로 '반우파투쟁'을 시작했다.

1957년부터 중국과 소련의 갈등이 심해지면서 두 국가는 북한을 자기편으로 만들려고 노력했다. 이에 두 국가는 더 이상 북한의 내정에 간섭하지 않았다.

동유럽 상황에 대한 북한의 반응

북한은 소련이 폴란드나 헝가리에 직접 개입한 사건을 보고 고민에 빠졌다. 만약 북한 내부에서 사건이 발생한다면 소련이 동유럽 국가들에게 했던 것처럼 북한에 무력으로 개입할 수 있다고 판단했다. 또한 중공군이 북한에 잔류해 있기 때문에 이들을 이용한 중국 정부의 개입 가능성도 있었다.

하지만 이보다 더 급한 것은 동유럽 지역에 있는 유학생들이었다. 북한은 반혁명의 기운이 유학생들에게 번질 것을 우려하여 헝가리뿐만 아니라 동유럽 국가들에서 유학하고 있는 학생들을 귀국시켰다. 1957년 1월 김일성은 졸업을 앞둔 110명의 학생을 제외하고 전쟁고아들을 포함한 약 1,200명의 헝가리 학생들을 북한으로 소환했다.

그리고 1957년 2월 두 그룹의 해외방문단을 구성하였다. 조선로동당 중앙위원회 선전선동부 부장이 동행한 그룹은 폴란드, 동독, 체코, 소련의 교육기관을 방문했고, 외무성 고문이 이끈 다른 방문단은 헝가리, 루마니아, 불가리아, 중국을 방문하였다. 이 방문단의 목적은 폴란드와 헝가리 사태 이후 학생들의 동향을 파악하고 검열하고자 한 것이었다.

폴란드와 헝가리에서의 시위 및 정권교체, 그리고 중국의 정풍운동과 반우파투쟁으로 김일성이 내부 단속을 강화하고자 마음먹었을 무렵 중소관계가 악화되었다. 이에 김일성은 중국과 소련의 간섭 없이 내부적으로 반종파투쟁을 진행할 수 있었다.

4장
반종파투쟁

당·내각에서 재개된 반종파투쟁

8월 전원회의 사건 후 1956년 후반부터 대대적으로 반종파투쟁이 시작되었다. 1956년 12월 11~13일 조선로동당 중앙위원회 전원회의가 개최되었다. 13일 회의의 결론부분에서 김일성은 '반당반종파분자'를 공격하면서 9월 전원회의에서 복권된 최창익 등을 다시 비난했다. 그리고 1956년 12월부터 당증 교환사업을 시작하면서 5개월 동안 진행된 이 작업으로 300여 명이 출당되었다.

1957년 5월 개최된 조선로동당 중앙위원회 상무위원회에서는 「반혁명분자들과의 투쟁을 강화할 데 대하여」라는 결정이 채택되었고, 김일성 반대파들에 대한 숙청을 대대적으로 시작했다. 이 과정에서 최창익 등 연안파는 완전히 제거되었고, 박창옥 등의 소련파도 숙청되거나 소련으로 망명 또는 자진 귀국하였다. 소련 측 자료에 따르면 이와 관련되어 체포된 사람은 8월 말까지 68명이었다.

김일성은 1957년 11월 3~23일 모스크바를 방문해 10월 혁명의 40주년을 경축하는 '각국 공산당 및 노동당 대표회의'에 참석했다. 1957년 12월 5~6일 개최된 확대 전원회의의 주요 안건은 김일성이 소련의 볼셰비키 혁명 40주년 기념 대회에 참석한 사업보고 및 토론이었지만, 논의는 '종파문제'였다. 이 회의에서 1956년 8월 종파사건에 개입한 중국과 소련은 대국주의적 쇼비니즘으로 성토되었고, 이들의 무장 봉기계획에 대한 자세한 보고가 진행되었다. 김일성은 회의를 종결하면서 이들에 대한 척결 의지와 정당성을 강조했다. 그리고 필요하다면 반종파투쟁을 1년 더 진행시킬 것을 주장했다.

1958년 3월 조선로동당 대표자대회에서 김일성은 당내 투쟁을 총화하면서 "우리 당은 8월 전원회의와 당대표자회를 계기로 파벌의 마지막 잔당들을 청산하였다. 그리하여 역사적으로 내려온 종파주의를 극복하고 당 대열의 조직적 단결을 더욱 강화하였으며, 조선 공산주의운동의 통일을 확고히 실천하였다."고 하였다.

교육계의 반종파투쟁

북한의 교육계와 학계에도 변화가 생겼다. 초기에 전문성을 갖춘 인력을 채용했던 것과는 달리 8월 종파사건 이후 교육계는 조선로동당의 정책을 따르는 지식인들의 양성소가 되었다. 그리고 조선로동당의 노선과 다른 의견이나 이론은 배제되었다. 따라서 반종파투쟁 시기를 전후하여 고등인력 및 간부는 전문성보다는 당성과 사상성을 강조하여 재조직되었다. 그리고 이 시기에 남한에서 온 학자들과 소련에서 파견되어 북한에 정착했던 한인들도 어려움을 겪었다.

1956년 6월 헝가리 혁명 이후 조선로동당 중앙위원회는 당의 통일성을 강화한다는 명분으로 1957년 3~4월에 종합대학을 비롯한 교육기관에서 종파주의를 폭로하는 당 집회를 대대적으로 진행했다. 또한 중앙위원회는 노동당원과 내각의 주요 관료들 40명으로 구성된 그룹을 조직해 교수와 학생들의 사상을 검열하도록 3개월 동안 교육기관에 파견했다.

군에서의 반종파투쟁

1958년 초부터 군에 대한 '반종파투쟁'이 본격적으로 시작되었다. 총정치국장인 소련파 최종학의 해임을 필두로 이들에 대한 숙청이 본격화된 것이다. 1958년 2월 8일 북한군 창건 10주년을 기념하여 김일성이 천명한 연설 '조선 인민은 항일무장투쟁의 계승자이다.'는 주목할 필요가 있다. 김일성은 여기서 '반당종파분자들의 중심인물들은 신민당 출신'이라고 규정하고, 군내 연안파인 김을규, 최활종 등을 공격했다.

뿐만 아니라 이를 '방치하고 허위 보고를 한' 최종학 등 소련파도 비판했다. 최종학에 대한 비판은 소련식 군대·정치사업방식인 군사단일제, 즉 유일관리제에 대한 비판이었다. 1950년대 말 북한과 소련 사이에 갈등관계가 형성되면서 소련파가 예전에 강점으로 생각했던 소련과의 연계는 특권이 아니라 위험의 근원이 되었다.

김일성은 인민 군대 내의 민족보위성부터 사단, 연대에 이르기까지 당위원회제도를 만들어 모든 군인들이 당을 중심으로 조직되어야 한다고 강조했다. 이것은 숙청을 통해 당을 장악한 김일성이 단기적으로는 당 조직을 군내 숙청사업에 동원하기 위한 것이었고, 장기적으로는 군에 대한 통제를 확고히 하기 위한 조치였다.

1958년 3월에 열린 중앙위원회 전원회의에서 김일성은 인민군 내에 당 위원회 제도를 전면 실시한다고 발표했다. 이어 열린 당 조직위원회 확대회의에서는 '소련식 군사단일제'와 '중국식 정치위원제'가 북한 실정에 맞지 않는다는 이유로 파기되었다.

김일성은 1958년 10월 당중앙위원회 상무위원회에서 반혁명분자들을 더욱 철저히 진압할 것을 제기했다. 여기서 연안파 출신 평양 위수사령관 장평산 등이 쿠데타를 시도한 사건을 거론했는데, 이는 연안파 군인에 대한 숙청 구실을 만들기 위해서였다.

군내 숙청은 1958년 말 고위간부를 중심으로 1959년부터는 전군의 하급부대에까지 확대되었다. 북한사회에서와 마찬가지로 군인 개개인에 대한 '사상검토'와 각급 부대에 대한 '집중검열사업'이 지속적으로 진행되었다. 이 과정을 통해 군대 내의 연안파와 소련파의 대부분 인물들이 숙청되고, 그 자리에 만주파 군인들이 진입하였다.

반종파투쟁을 피해서 연안파 출신이 중국으로 도피한 사람은 1,000여 명에 달했고, 1960년 1~2월 8월 종파사건의 주모자 최창익과 박창옥에 대한 비밀재판이 열려 이들에게 사형을 언도했다.

북한 주민에 대한 검열

북한 정권은 당·내각, 교육계, 군대 등에서 반종파투쟁을 벌이는 동시에 북한 주민에 대한 검열도 진행했다. 주민들의 지역, 파벌, 학교, 직업 등에 대한 개인 정보와 사상을 조사한 것이다. 그리고 주민들의 출신 조사를 위해서 1958년부터 5호 담당제가 시작되었다. 이것은 북한의 5가구마다 1명의 선전원을 배치해서 관리하는 것으로 가정생활도 조선로동당이 지도한다는 명목 하에 만들어진 것이지만 주민들을 간섭, 통제하기 위한 제도였다. 그리고 주민의 사상을 조사하기 위해 1958년 12월부터 1960년 말까지 조선로동당 중앙지도부가 주도한 '중앙당 집중지도사업'을 진행했다. 이 작업을 통해서 불순분자를 색출, 처단하고 이들을 강제로 산간벽지로 이동시켰다.

김일성 1인 체제의
구축

김일성 1인 체제의 구축과 북한의 정통성 개작

김일성이 최초로 '수령'으로 쓰인 것은 『로동신문』의 1946년 9월 19일자 「조선의 해방과 인민위원회의 결성」에서였다. 이 글은 최용달이 작성했는데 그 내용 중에 수령이라는 표현을 사용했다. 이후 공식회의석상에서 이 용어가 최초로 호칭된 것은 1952년 12월 15일 개최된 당 중앙위원회 제5차 전원회의에서 김일성의 보고가 끝나자 전원이 총 기립하여 "김일성 동지 만세"와 함께 "우리의 경애하는 수령 김일성 동지에게 영광이 있으라!"라고 외친 것이었다. 김일성은 그해 12월 원수 칭호를 제정하였고, 1953년 2월 8일 인민군 창건 5

주년에 최초의 원수가 되었다.

1953년 스탈린 사망 이후 소련에 새로운 정권이 들어서면서 국제 사회에 새로운 분위기와 함께 중국과 소련을 추종하는 연안파, 소련 파들이 함께 김일성에 도전한 것이 1956년에 발생한 8월 종파사건 이었다. 연안파와 소련파는 중국, 소련의 힘을 믿고 김일성에 반대 하는 정치적 시도를 했지만, 이들의 실패는 결국 김일성의 1인 체제 구축으로 이어졌다.

1953년 5월부터 김일성의 기념 보고나 연설 등을 묶어 간행했던 『김일성선집』이 1958년경부터 개작되었다. 바뀐 내용은 소련의 영 향에서 벗어나 주체를 강조하는 방향이었는데, 예를 들면 연설 중에 있던 '스탈린 만세' 등의 구호가 삭제되는 것 등이었다. 이제 김일성 의 1인 체제 구축과 함께 1960년대 초부터 『항일빨찌산 참가자들의 회상기』가 제작되면서 북한의 정통성은 김일성과 항일빨치산이라 는 만주파에 국한하여 기록되기 시작했다.

참고문헌

저서

국방부 군사편찬연구소, 『한국전쟁사의 새로운 연구』 2, 국방부 군사편찬연구소, 2002.

김광운, 『북한정치사 연구』 1, 선인, 2003.

김국후, 『평양의 소련군정』, 한울아카데미, 2008.

김학준, 『북한의 역사』 1, 서울대출판부, 2008.

박영실, 『중국인민지원군과 북중관계』, 선인, 2012.

백학순, 『북한 권력의 역사: 사상·정체성·구조』, 한울아카데미, 2010.

서동만, 『북조선사회주의체제성립사』, 선인, 2005.

션즈화, 최만원 옮김, 『마오쩌둥 스탈린과 조선전쟁』, 선인, 2010.

소련 아카데미 동방학연구소, 이용권 외 옮김, 『한국통사』 하, 대야, 1990.

시모토마이 노부오, 이종국 옮김, 『모스크바와 김일성』, 논형, 2012.

안드레이 란코프, 김광린 옮김, 『소련의 자료로 본 북한 현대정치사』, 도서출판 오름, 1995.

역사문제연구소 편, 『1950년대 남북한의 선택과 굴절』, 역사비평사, 1998.

오영진, 『하나의 증언』, 신한인쇄소, 1952.

와다 하루끼, 남기정 옮김, 『와다 하루끼의 북한 현대사』, 창작과비평사, 2014.

와다 하루끼, 이종석 옮김, 『김일성과 만주항일전쟁』, 창작과비평사, 1992.

이상호, 『맥아더와 한국전쟁』, 푸른역사, 2012.

이종석, 『북한-중국관계 1945~2000』, 중심, 2000.

정창현, 『인물로 본 북한현대사』, 민연, 2002.

중앙일보 특별취재반, 『조선민주주의인민공화국』, 하 중앙일보사, 1993.

논문

기광서, 「해방 후 북한 중앙정권기관의 형성과 변화(1945~1948)」, 『평화연구』, 19(2), 2011.

박명수, 「평안남도 건국준비위원회와 조만식」, 『한국기독교와 역사』, 41, 2014.

신효숙, 「북한사회의 변화와 고등인력의 양성과 재편(1945~1960)」, 『현대북한연구』, 8(2), 2005.

이종석, 「김일성의 '반종파투쟁'과 북한 권력구조의 형성 – 친소파·남로계·연안파 '숙청'에 대한 최초의 연구」, 『역사비평』, 통권 8호, 1989.

이주철, 「1950년대 조선로동당의 하부조직 재편」, 『한국사학보』, 제23호, 2006.

장성진, 「북한군 창설기 당-군관계의 형성과 의미」, 『현대북한연구』, 15권 3호, 2012.

전현수, 「소련군의 북한 진주와 대북한정책」, 『한국독립운동사연구』, 제9집, 1995.

8월 종파사건

펴낸날	**초판 1쇄**	**2015년 5월 30일**

지은이	**박영실**
펴낸이	**김광숙**
펴낸곳	**백년동안**
출판등록	**2014년 3월 25일 제406-2014-000031호**

주소	**경기도 파주시 광인사길 30**
전화	**031-941-8988**
팩스	**070-8884-8988**
이메일	**on100years@gmail.com**

ISBN	**979-11-86061-25-1 04300**

※ 값은 뒤표지에 있습니다.
※ 잘못 만들어진 책은 구입하신 서점에서 바꾸어 드립니다.

이 도서의 국립중앙도서관 출판시도서목록(CIP)은 서지정보유통지원시스템 홈페이지
(http://seoji.nl.go.kr)와 국가자료공동목록시스템(http://www.nl.go.kr/kolisnet)에서
이용하실 수 있습니다.(CIP제어번호: CIP2015013591)

책임편집 **홍훈표**